# 婚姻保鲜红绿灯

## 丈夫篇

牛海燕　黄宝莉 ◎ 著

青岛出版社 QINGDAO PUBLISHING HOUSE｜国家一级出版社 全国百佳图书出版单位

**图书在版编目（CIP）数据**

婚姻保鲜红绿灯.丈夫篇/牛海燕　黄宝莉著.—青岛：青岛出版社,2012.1

ISBN 978-7-5436-7864-4

Ⅰ.婚...　Ⅱ.①牛...②黄...　Ⅲ.婚姻－通俗读物

Ⅳ.C913.13-49

中国版本图书馆CIP数据核字（2011）第274976号

| | | |
|---|---|---|
| 书　　名 | **婚姻保鲜红绿灯（丈夫篇）** | |
| 著　　者 | 牛海燕　黄宝莉 | |
| 插　　图 | 杜丹丹 | |
| 出版发行 | 青岛出版社 | |
| 社　　址 | 青岛市海尔路182号（266061） | |
| 本社网址 | http://www.qdpub.com | |
| 邮购电话 | 13335059110　（0532）85814750（兼传真）　（0532）68068026 | |
| 责任编辑 | 赵文生 | |
| 文字校对 | 刘　青 | |
| 封面设计 | 王　玲　王江风 | |
| 排　　版 | 青岛新华出版照排有限公司 | |
| 印　　刷 | 青岛乐喜力科技发展有限公司 | |
| 出版日期 | 2012年1月第1版　2012年1月第1次印刷 | |
| 开　　本 | 16开（710 mm×1000 mm） | |
| 印　　张 | 13 | |
| 字　　数 | 160千 | |
| 书　　号 | ISBN 978-7-5436-7864-4 | |
| 定　　价 | 26.00元 | |

编校质量、盗版监督服务电话　4006532017　0532-68068670

青岛版图书售后如发现质量问题，请寄回青岛出版社印刷物资处调换。

电话（0532）68068629

# 目 录

# 关于这本书

　　为什么要写这本书?

　　婚姻保鲜,是一个时髦话题,也是一个实在问题,尤其是在多姿多彩的现代,婚姻似乎变得异常脆弱,世人对婚姻的要求亦越来越高,这一状况,导致的直接结果就是婚姻的不稳定性,离婚率持续上升。为了拯救婚姻,为了千家万户的幸福、美满,我们不悉力薄,执意打造这本婚姻保鲜的小册子,也算是一件文化善事吧。

　　可是,婚姻保鲜,尽管常常挂在嘴上,破题行文,却困难重重。从何入手,由何切入,久久困扰着我们,在资料匮乏、先例罕见的状态下,我们只能“白手起家”,探索爬行。当我们走进婚姻保鲜的思维空间,蓦然发觉,它竟是一项浩繁、艰难的人文工程,概念、观念、法律、伦理等,千头万绪,斑驳陆离,让你无法判定,难以理清。哦,真可谓“吟安一个字,拈断数茎须”啊!

　　青岛的秋天,落叶纷飞,海风萧萧,我们怀揣着梦想,聚集在浮山脚下,苦心孤诣地打造这本小册子。世象如落叶般凌乱,思绪似海浪般飞溅,我们在奔波中搜集素材,在静止中揣摩主题,在痛苦中履行使命,也在兴奋中收获成果。

　　《婚姻保鲜红绿灯·丈夫篇》以“保鲜”为主旨,以情感为主线,以故事为载体,以年轻夫妻为对象,侧重于相处艺术、夫妻修养两个角度,同时涉及私密空间、家庭建设和子女教育及其他,共五个方面,运用真实案例加以点评,告诫跋涉在漫漫婚姻路途的人们,应该怎么样,不应该怎么样,如何才能时时刷新爱情,保持婚姻鲜美,达到"得成比目何辞死,愿作鸳鸯不羡仙"的佳境。为了使这本小册子更系统、更权威,我们还编辑了"明星婚姻保鲜术"、"名人的'所谓婚姻'"、"专家婚姻保鲜谈"和"吵架公约",附录书后,以飨读者。

　　是的,倘若认真研究起来,"婚姻保鲜",应是一门深奥、浩淼的学问,这本薄薄的小册子,只能是一孔之见,或是管窥蠡测,限于经验和水平,我们也不可能做到权威、详尽,不妥、不当之笔,敬请读者批评指正。

作　者

2011 年 11 月 7 日

于青岛浮山文学创作园

婚姻保鲜红绿灯（丈夫篇）

# 一、相处艺术

"唠叨"权当音乐听

婚姻之道说白了就是男女双方的相处之道,也是男女双方的博弈之术。擅长的人稍微用点心思,轻描淡写几下就收获了良好美满的爱情,不擅长的人费尽心思或打个平手,或落个折兵损将的结局。

　　良好的相处应该是男女双方你情我愿,你为我着想,我为你考虑。

　　良好的相处应该是时刻以一种新鲜的眼光来看对方,时时为对方创造新的感觉。

　　良好的相处更是包容,你包容了我的不足,我也决不介意你的失误。

　　在茫茫人海之中,我和你视线交融,在婚姻的屋檐下深情相拥,就让我们好好地相处,来珍藏这一份难得的缘分吧!

# 1. 一份"浪漫"一份情

女人天生就是爱浪漫的,她们爱鲜花爱蜜语,爱出其不意的礼物,这些都让女人自我感觉良好,甚至有些妻子宁愿沉浸在这些许的浪漫中,心甘情愿地无法自拔,哪怕这个丈夫曾经做过多么伤害她的事情。

蔡爱国和李媛媛结婚已经三十年了,两个人的感情非但没有减弱,反而随着岁月而愈加浓郁起来。

蔡爱国一直都很好奇李媛媛怎么会如此死心塌地地跟着自己,毕竟自己离成功人士的距离很远,还做了一些伤害妻子的事。而妻子呢,人美心美,事业也做得是红红火火,直到现在,还有一些优秀的王老五们为她单身着。蔡爱国一直都在询问妻子这个问题,从二十几岁新婚时候的小青年,问到现在鬓间已有可见的斑斑岁月痕迹。而李媛媛从来不正面回答丈夫的问题,每次都是说"因为我爱你啊"就岔开话题了。最近,蔡爱国在两个人的三十年结婚纪念日上终于实现了自己的愿望。

11月11日,是当下流行的光棍节,也是蔡爱国和李媛媛结婚三十年的日子。

一大早，李媛媛就在厨房里忙活，而蔡爱国呢，就一个人去了商场，为妻子买了一条紫晶项链，那是妻子曾经多次偷偷瞄过的东西。饭桌上，蔡爱国小心翼翼地将礼物捧到了妻子面前："亲爱的，我要送你福气了。"李媛媛打开一看，很是开心，嗔怪道："都一大把年纪了，还玩小姑娘的玩意儿。你看，又长出了一根白头发。"蔡爱国一边说道"哪里有"，一边迅速地将白发拔下藏到口袋里。李媛媛笑着拍了他一巴掌，蔡爱国乐呵呵地说："你在我眼中永远是仙女。"说着，将紫晶项链为妻子戴上。

李媛媛从桌子下面抽出两张纸，在蔡爱国面前晃了晃："我也有礼物送你。明天我们就去泸沽湖度假去，机票我都买好了。"蔡爱国很是感动，他不知道妻子是怎么得知自己最近一直对泸沽湖念念不忘的，那是他年轻时候的一个梦，最近突然浮现在记忆中了。他感动地抱住李媛媛："亲爱的，你太懂我了。你为什么一直对我不离不弃，今天总该将谜底揭开了吧！"李媛媛笑着说："哪有什么谜啊，你是我丈夫，我当然对你好，你不是也对我很好嘛！"

蔡爱国摇了摇头："不，我对你没那么好。才结婚，我就因为初恋女友的事打了你。九几年，我随着一群朋友南下下海，赔了一大笔不说，最后还和一个姑娘扯上了关系，闹得满城风雨。连我爸妈都劝你离开我，而你呢，不但全心为我还债，还帮我处理好了和那个姑娘的事，大度地接受了我。还不停地替我在爸妈面前说好话，他们这才原谅了我这个不肖子孙……"蔡爱国越说越激动，眼睛里闪烁着点点泪花。李媛媛轻轻地为他擦掉眼泪："傻样，还哭起来了。其实是我离不开你。你都不知道你的魅力有多大。你想知道原因，那我就告诉你……"李媛媛娓娓道来她对丈夫的爱。

原来，当年的蔡爱国不仅长得一表人才，还经常喜欢玩一些小浪漫。那时候很穷，可是每次出门回来蔡爱国都会带一些小玩意回来，一颗糖，一颗玻璃珠，甚或是路边采来的一枝花。这在还充满少女幻想的李媛媛眼中是那么美好，她怎么舍得离开丈夫呢。当年她无意中发现丈夫写给初恋的情书，只是吃醋才和蔡爱国争吵，丈夫打了她，不过下手并不重，打后更是百般软语相哄，她也就将这件事放下了。丈夫后来不听她的劝，出去鬼混，她很伤心，却依旧不忍放下丈夫的手。蔡爱国并没有很对不起她，两个人结婚都已经十几年了，他还是保持着每次出远门回来必带礼物的习惯,一件漂亮的针织衫,一枚亮晶晶的头饰,这些都让李媛媛甜在心里,因为她知道丈夫一直都将她放在心头。于是,她不惜放下自己的尊严去帮丈夫摆平那些人和事,还一反平时的温婉,忤逆自己的母亲,特地跑去公公那里帮丈夫撮合父子之情。直到今天她都不后悔自己当初的决定,蔡爱国一如既往地对自己好,知道自己喜欢的颜色、想要的东西,总是会给自己惊喜。更难得的是,他逐渐学会了战胜诱惑,再也没有做过对不起她的事情来。

听后,蔡爱国更是感动,原来妻子对他如此信任,他用力地搂住了妻子的腰:"有你为妻,是我今生最荣幸最高兴的事。"李媛媛嘴里没说什么,心里却很高兴,她心念着:"我也是,你让我始终觉得自己就是一颗珍珠,熠熠生辉。"

**点评:**

浪漫是婚姻最好的着色剂。女人都希望丈夫将自己捧在手心里,丈夫呢,应该时不时地为妻子制造浪漫,让她时刻都有被你放在心上的感觉,如此,妻子才会更加地爱你,配合你。而你们的婚姻也会更加甜蜜、愈发牢固。聪明的丈夫,让小礼物小浪漫去点缀慢慢褪色的婚姻吧。

# 2. "唠叨"权当音乐听

　　唠叨也许对很多人来说都是比较讨厌的事情,你想啊,一个人不停地在你身边唠唠叨叨,像是放了一只永远不会闭嘴的麻雀,该是多么煞风景啊!但是聪明的男人却会欣赏女人的唠叨,将唠叨当成流行音乐来听,听出了音乐中满满的爱意,浓浓的真情,于是夫妇相处得更为融洽。

　　相信很多男人婚后都有这样的抱怨:这到底是不是我当年所娶的那个女人啊,怎么变化如此巨大。当年一说话都会脸红害羞,说起情话来也不过一两句就停止了,还要我不停地去逗她讲话。可是现在呢,家里萦绕的就只是她一个人的声音,除了睡觉外,她的嘴巴都没有闭上过……

　　曾经杨春也有这样的想法。他当年看上王丽就是因为她的内敛和腼腆,可是他实在搞不明白,婚后的王丽变得比他老妈还要唠叨。你出门,她就开始唠叨了,什么"要带伞啊,好像要下雨了","路上小心点,早点回来"。已经出去了,她还不停地打电话,叮嘱"和不喜欢的人打交道也要小心啊,千万不能得罪小人","不要超速行驶",来来去去也就这么一些,可是她却能每天每时每刻都当成家务来做,乐此不疲。这让杨春很是烦恼。他和太太讲了很多次,可是情况却一点也没有好转,说话稍微重一点,太太就眼泪汪汪地看着他:"你这么快就厌烦我了吗?"这让杨春很是手足无措，只能尽量减少回家的次数、缩短在家的时间，接听电话的时候总是敷衍两句"我很忙，在开会"就把电话挂掉了。老婆王丽也很难过，更是加紧利用杨春回家的时间进行唠叨，叮嘱他要多回家，多注意身体，多做运动，多陪陪她。杨春常在想，如果老婆"消失"一段时间该多好啊。

"机会"终于来了。王丽远在他乡的双亲来电话说想女儿了，让她回家看看，王丽为难地看着杨春："我不在家你一个人行吗？"杨春很是高兴，一方面又掩饰着自己的喜悦："你去吧，我没关系的，你要早早回来啊。"王丽为杨春准备了很多日用品放在家里，也把唠叨准备了很多，杨春敷衍地听着，回答"知道了知道了"。王丽不舍地离开了家，杨春心里乐开了花。

第一天，耳根很是清净，他甚至把家里的电话线都拔掉了，去煮了妻子最鄙视的泡面，同时边吃东西边看电视，小日子过得逍遥自在，"真爽啊！"他感慨了一句。

第二天，日子照旧。抓了一块干面包他就冲出去上班了，回家却"惨"了，下雨了，他没有带伞。他有点后悔："应该听老婆的话，看看天气预报的。"不过又一想，淋雨就淋雨，总好过老婆的唠叨。

第三天，更是悲剧，他"光荣"地感冒了，躺在床上，想念起妻子温柔的手、温柔的话语来。

第四天，第五天，第六天，第七天，他的耳朵里老是觉得少了点什么，这么安静让他无法适应，他嘟囔了一句："老婆怎么还不回来啊！要不要打个电话过去呢？"

第八天，老婆回来了，唠叨又继续起来，杨春却很开心地"受用"这些听觉盛宴。原来唠叨是这么美好啊，他听出了妻子唠叨的话语里的殷切的关心和满满的爱意。唠叨似乎变成了有节奏感的流行音乐，总是很容易地触动他的心弦。夫妇俩的关系也变得越来越好，他甚至发觉妻子似乎不那么喜欢唠叨了。周围的同事很是羡慕他应对唠叨的自如。

**点评：**

女人身上带有的母性让她很喜欢唠叨。作为丈夫的你要能听出这唠叨里的

关怀之情,而不是潜意识地去排斥,甚至为此而争吵。如果把唠叨当成音乐来听,你的生活也会慢慢地变得如同音乐一样优美而和谐。实际上,男人更要认清的一点是,女人的唠叨都是男人逼出来的,因为男人表现出来的形象是一个"不够成熟、不会照顾自己"的大孩子,这怎么能不激发起女人唠叨的母性意识呢?

# 3. "了解"莫若"理解"

"了解"和"理解"一字之差,却差之千里。了解一个人很容易,只要你多和一个人在一起,多观察对方的言谈举止,你就可以逐渐了解他;而理解一个人则是比较辛苦的,需要你用心灵去感受去判断。婚姻生活中,一些年轻的丈夫经常抱怨妻子不理解自己,可是做丈夫的想过没有,理解也是相互的,你理解自己的妻子了吗? 这个问题,恐怕要难住不少男子汉们。

张旭和妻子荷香结婚已经五年了。张旭了解妻子荷香的一切。他知道她喜欢酸的辣的讨厌甜食,喜欢苹果橘子讨厌梨子,喜欢蓝色衣服胜过红色,喜欢韩剧港剧讨厌台剧大陆剧,喜欢张国荣胜过刘德华 …… 他也知道她所有的举动及其意义,他知道她高兴的时候讨厌的时候都喜欢大喊大叫;知道她很喜欢发脾气,有事没事都喜欢和他吵闹;知道她喜欢抱怨他对她的忽视,生气的时候经常会说"早知你这样,当初就不嫁给你了"的浑话,甚至还会捕风捉影地说张旭和某某某好了什么的,常常让他哭笑不得 …… 张旭很清楚荷香的这一切举动都是虚张声势,实际上她别提有多在乎自己了。可是他怎么也不能理解妻子,总是觉得自己活得很累,怎么也搞不明白妻子为何如此胡搅蛮缠、惹是生非。

于是,妻子假意发怒的时候他也会被激起一团无名火,两个人甚至仅仅因为张旭买回来的是白色的萝卜而不是青色的萝卜就吵得不可开交,争吵的时候甚至会翻旧账到谈恋爱的时候,荷香就会哭诉起自己当年怎么样去爱上这个穷小子,省吃俭用地为他买书,给他最好的。起初这样还让张旭觉得有点愧疚,听的多了,他都有种捂住妻子嘴巴的冲动,他会大声指责妻子像"祥林嫂",责备如今的她爱慕虚荣,虽然张旭知道"爱慕虚荣"实在是无中生有。争吵的结果往往就是荷香的呜呜大哭,而张旭一脸沮丧,他总是觉得家就像一个随时会爆炸的活火山,而早已忘记当初争吵的缘由。久而久之,张旭回家的时间越来越晚,而两个人的争吵也越来越趋向顶峰。

有一次,张旭因为公司新接了一项大业务,所以晚上去庆功。张旭想着妻子荷香曾说过今天要去娘家不回来,就多玩了一会儿,回家后都已经是凌晨三点了。一推门开灯,吓了一跳——妻子不开灯地坐在客厅里。他笑着讲了句"有应酬"就要钻进洗澡间冲凉。妻子从沙发上一跃而起:"说实话,是不是去见某某某去了!""神经!哪里有什么人!"张旭绕开。谁知道荷香的声调一下子提高了几个分贝,大喊大叫地指责张旭不爱自己了、吵着要分居。张旭怕吵到邻居,又觉得很疲惫,他的声音也高了起来:"你不高兴就走啊!我真受不了你这样的女人了,每次都这样,怎么都不会换换样子啊!"妻子荷香惊了一下,一怒之下就往外冲。盛怒之下的张旭没有去追就休息了。

第二天他去岳丈家接荷香,被丈人好一顿数落,想要辩驳又不知从何说起,支支吾吾地讲到了妻子众多无理取闹的举动。丈人一听,反而笑呵呵地说:"原来是这样啊!夫妻难免争吵,我和你岳母当年也是这样的。"张旭一惊:"不会吧?我看你们俩很是和谐,岳母从来都不和你争吵啊!"岳丈乐了:"那是表面,当年我们俩都差一点过不下去了。不过我想明白了一点,夫妻俩要相互理解才能让婚姻长久下去。""理解?"张旭有点吃惊,"我很理解她啊,她的所有喜好我都知道也尽力满足了。"丈人说:"那不是理解。理解就是接受,是你接受妻子的所有缺点,能改变她则改变,不能改变,那就无怨地去接受。你试着这样来做,我保证你们俩关系会和好如初。"

自那以后,张旭学着去理解荷香,他慢慢领略到了妻子狂躁背后的真心,她不过是想要更多地得到他的注意,得到他的关心,她只是想让他始终放她在心上。而如此一来,张旭看妻子再也不是以前那个无理取闹的小女人了,而是一个用心去爱、一心一意去关心他的家人,夫妻的关系变得十分融洽,妻子也减少了吵闹的次数。

**点评：**

夫妻两个人相处重在理解,要理解对方的所言所行,如果不能改变,那就试着去接受吧!我是我,你是你,我不是为了附和你才生活在这个世界上,你也不是为了响应我的期待而到来,我们理解彼此,接受彼此,我们才构成了夫妻共同体。

# 4. 老婆要当鲜花摆

　　不夸张地说，每个女人都是家庭型的，无论多么卑微或者多么伟大，都希望得到家人尤其是自己丈夫的认可。有了这点，无论再艰难的环境也改变不了她们对丈夫的心；而如果这点都无法满足的话，女人就算不走出婚姻，也会从心里背叛这段感情，转而投向一个认可自己的男人怀抱。

　　在外人看来，梁小柔和方大同的婚姻是完美无瑕的。梁小柔是一名幼儿园园长，而方大同是一所著名医院的主治医师，而且两个人都长得很好看，性格也都是温文尔雅，从不和人争执。两个人无论是从外形、职业，还是性格上都是十分般配的，周围的人很是看好这段婚姻，总觉得这两个人是天造地设的一对，一定会相携走过金婚岁月。而事实的发展，让大家跌破了眼镜，两个人结婚才一年多，就开始冷战，婚姻随时都有终止的迹象。

　　小柔的小姐妹很是好奇这个姐夫到底什么地方惹到小柔了，小柔是一个很温柔的女子，平时看起来一副没脾气的样子，也不会主动去和别人过不去。谁要是真把她得罪了，十驾马车也拉不回来。在小姐妹的百般盘问下，小柔终于讲出了实情。

大同别的缺点没有，唯一就是在女人面前总是表现出一副风流倜傥、文质彬彬的模样，这不是什么大的缺点，很多男人都会这样的。只不过大同更过，他更希望摆出一副"钻石王老五"的模样来，尤其是在漂亮的又对自己有好感的女人面前。当然，大同也没有想过和这些女人有什么更深一步的接触，他纯粹就是不自觉地这样做。好景不长，他的这点"毛病"竟然让小柔发现了。

有一次，小柔在家休息，接到许久未见的一个朋友小茹的电话，说要带她去见一个难得一见的"黄金单身汉"，顺便也让小柔帮她把把关。无奈之下，小柔点头同意了，谁知这一"参谋"，竟断送了小柔对大同的情谊。小柔按照约定时间到了咖啡厅，一进门，她就觉得和小茹对面的那个男人的背影十分熟悉，她没有多想。小茹看到她，马上叫了一声，大同一回头，小柔登时"石化"，迟疑了几秒钟，马上冲出了咖啡厅。打死她也不相信电影电视中常见的桥段怎么会出现在自己的生活中，自己挚爱的丈夫怎么是脚踏几只船的主呢！大同紧随其后，也追了出来，小茹站了起来，她突然明白了什么，她想起来小柔的丈夫是自己未曾谋面的，她尴尬地坐了下来。

大同追上小柔，拉着她的胳膊解释："我和她什么也没有，你不要多想。我只是约她来喝喝咖啡，聊聊天的。我没想到她约你出来。"小柔瞥了他一眼："那你就隐瞒我的存在啊，你还钻石王老五呢，好吧，你就去当你的钻石王老五吧！我给你这个资格。"大同急了："小柔，你不要这样，你知道我是爱你的，不会离开你的，我保证不会有下次。"倔强的小柔伤心地走了，她这才明白她第一次见大同哥们的时候，大同哥们一脸惊诧的表情，那时候，他们已经结婚有两个多月了。当时的她只是想着也许这个哥们和大同许久未见面，现在想来确实是自己比较傻，才发现自己丈夫的毛病。

大同和小柔的关系一落千丈，大同更是追悔莫及，他不想和小柔离婚。只是从现在的状况看，两个人就算不离婚也再回不到从前的状态，他们已经分居了很久，平时打照面，小柔都是不想多看他一眼的。大同彻底认识到了自己的错误，老婆是属花的,要摆在人前,摆在心中,他却只做到了藏在心中、不予示人。

**点评:**

有了老婆一定要让周围的朋友知道,这是对妻子的认可和尊重,也是为自己婚姻加分的筹码。聪明的男人总会时时将老婆放在心中、挂在嘴边,让老婆在众人面前得到她应该有的地位,老婆当然会很死心塌地地和他驾驶婚姻这艘小船。千万不能为了你自己一时的面子,就隐瞒老婆的存在,这是对老婆地位的怀疑,也是对她最大的伤害,更是婚姻中所犯的最不可饶恕的错误。

# 5. 花言巧语 "哄老婆"

许多学者研究发现，相比于男人更注重视觉，女人可以称之为名副其实的听觉动物。女人经常会因为声音而爱上一个未曾谋面的男人，也会因为一个男人的花言巧语而再也挪不开步伐，哪怕这个男人再花心、再不值得她为他付出。婚姻生活中聪明的男人总会深谙这个道理，用花言巧语来让老婆紧紧陪伴自己身边，而这种花言巧语的"哄"更是要时时体现在争吵过后。

你的哄不但显示了你对妻子的爱，让她开心，更是体现了男人该有的一种大度和能耐。一哄泯恩仇，吵得再不可收拾，只要男人肯放下架子，花言巧语地去讨好自己的老婆，那十有八九会将老婆死死地"圈"在自己的生活圈中。

叶雷和老婆王晓云是同龄人，两个人的性格又十分相似，心直口快，喜欢较真，凡事必须占上风，凡事都要弄个水落石出才肯罢休。结婚才一个月，别的小夫妻还在如胶似漆，这两位已经开战，王晓云气呼呼地回到娘家待了一个多星期，直到叶雷让步才罢。周围的人都很不看好两个人的婚姻，想着这才结婚就开战，怎么可以熬过三年之痒呢！谁知道这两位小夫妻不但没有如周围人料想的那样，不出三年就分道扬镳，反而是恩爱异常。争吵仍旧继续，而爱意蒸蒸日上。

王晓云从一个十指不沾阳春水的大小姐，变成了现在随便几样素材就可以做出一桌色香味俱全的美味佳肴来；叶雷工作很忙，有时候在公司会工作到很晚，而王晓云呢，总是时不时地当起"便当妹"，为老公送来合口的饭菜；在叶雷的朋友面前，王晓云更是一改从前的夜叉形象，也不随便摆脸色，责怪叶雷不按时回家了。周围的哥们不知道有多羡慕叶雷，王晓云不仅漂亮，而且还如此懂事，如此给老公面子、疼老公。哥们常一脸艳羡："你小子行啊，竟然把咱们当年如此骄傲的一个公主'调教'得如此服帖，还真没看出来你有这能耐！"叶雷总是笑而不语，实在憋不住了,就说:"那是,我有秘密武器。想要让一个女人真正的服你,那要让她对你心服。女人嘛,也就是一张嘴巴比较厉害,实际上还是比较好哄的,也比较容易对你死心塌地的。"

原来新婚后不久,叶雷就渐渐发现了妻子的"弱点",她就是嘴巴凶一点,实际上还是很通情达理的。开始争吵的时候,叶雷也是年轻气盛,总是针尖对麦芒地和王晓云吵个没完,吵架后常常要靠周围人的调解,两个人才会和好。渐渐地他发现,那样一点也没有用,反而常常让自己陷入十分狼狈的境地,周围的同事不停地看自己笑话,父母也总是忧心忡忡。最后,叶雷改变了自己的策略,尽量减少吵架的次数。但吵还是会吵的,有时候老婆确实不可理喻,比如叶雷只是和工作上的女同事多讲了两句话就被老婆逮着吵个没完,偶尔一次忘记打电话告诉老婆自己有应酬,回来也是好一通数落等等。只是他们的争吵不再以冷战收尾,而是以叶雷嬉皮笑脸的"哄"而收尾。常常是在刚吵完不到一个小时,最多也就是第二天的样子,叶雷就会贴到王晓云面前,大呼"老婆万岁",说些甜蜜的话,夸老婆美丽大方、知书达理,夸老婆"教训"自己很对,阻止了自己朝着错误的边缘移动……而王晓云每次都会被哄得破涕为笑,也会承认自己太过冲动云云。等到下次,老婆有错误,叶雷还是会和她吵,这样的场景就会再次演练一番。渐渐地,王晓云体会到了老公的良苦用心,而自己刁蛮无理的举动也在逐渐地退居二线,她也认识到叶雷是爱自己的,更是十分用心地呵护着两个人的婚姻。两个人的日子过得有声有色,羡煞旁人。

**点评:**

俗话说,小孩子还喜欢听好听的话、表扬的话,何况是妻子呢!只要是女人,她就会有孩子的一面,渴望得到恭维、美言、赞赏,哪怕这些话只是台面话,听后也会顺耳会暖心。尤其是来自丈夫这一方面的更是会让妻子乐到骨子里。聪明的男人总会在婚姻中用花言巧语哄好自己的老婆,也就维系好了自己的婚姻。

# 6. "娶妻随妻" 又何妨

吴刚是从临沂山区保送到北京某大学的，品学兼优，仪表堂堂，很快就受到了同班同学琴玲的倾慕，琴玲的父母都是话剧演员，受家庭环境影响，琴玲说一口标准的普通话，而吴刚普通话考级，总是当班里的"尾巴"。当他俩确定了恋爱关系，琴玲把吴刚领回了家，接受家里人的检阅。琴玲的父母对吴刚印象不错，只是对他浓浓的乡音不能认同，作为搞艺术出身的他们，听惯了字正腔圆的普通话，感觉吴刚的乡音与他们这个文化艺术家庭有点格格不入。琴玲马上跟父母打保票，吴刚这么聪明，只要我加以督促，普通话过关很容易。

大学毕业后，琴玲进了一家电台作主持，吴刚也顺利地考上了公务员。他俩结婚后，琴玲跟着吴刚回临沂老家过年，在乡里乡亲面前，吴刚蹩脚的"京腔"遭到了发小们的"攻击"："你小子，娶了北京媳妇，连家乡话也不敢说了。你进京才几年呀，就这么脱胎变骨啦，真是的！"回乡的尴尬，又让吴刚放弃了学说普通话的念头。每当琴玲游说他，吴刚总是振振有词地说："你总是说，普通话代表了一个人的修养和文化水准，请问，毛主席和周恩来都不会讲普通话，难道他们有失伟人的水准吗？"妻子被他"噎"得面红耳赤，再跟他理论，吴刚更是抱定了"破罐子破摔"的态度，高声怒吼道："琴玲，你处处费尽心机地改造我累不累，想当初，看不上我嫁我干嘛，现在后悔还来得及。"家里的氛围一时被火药味笼罩着。

吴刚单位里举行处级岗位竞聘，业绩突出，威信颇高的吴刚一路过关斩将，进入到最后的演讲、答辩阶段。虽然吴刚的演讲内容和现场答辩都十分出色，但他浓浓的乡音，着实让评委们头痛，为此，他失去了百分之三十的印象分，这是多么的遗憾啊！最终，吴刚落选了。回到家，他非常沮丧，妻子琴玲在丈夫行将倒下的时候，挺身而出，一再给他打气。在妻子耐心的辅导下，吴刚又重新拾起了普通话教本，每天，他准时收听中央台的广播，一边听着一边跟着念，他还坚持读报纸给妻子听,让妻子纠正自己的吐字发声。这一来,吴刚的普通话"突飞猛进",令熟悉他的人"刮目相看"。每每谈及普通话的进步,吴刚总是调侃地说:"'娶妻随妻'是男人智慧。听老婆的话,没错。"

第二年,吴刚单位再次竞聘处级干部,他在最后的演讲答辩中,抑扬顿挫,字正腔圆,用哲辩的语言征服了评委,终于一榜中第。新的岗位,把吴刚的事业推向了更高的平台,也让他与妻子在互帮互助中感情更加亲密,生活更加甜蜜。

**点评:**

夫妻都是独立的个体,性格、爱好或兴趣难免不同,但作为丈夫,顶天立地的男子汉,将媳妇娶到了家,你就应当跟她取长补短,相携一生,多一些对妻子的理解、认可和顺从,有利于婚姻的稳固,感情的升华。

hunyinbaoxianhonglüdeng(zhangfupian)

# 7. 爱她莫做"笨嘴郎"

夫妻之间的感情,体现在一枝一叶总关情,一言一语暖人心上,看似不经意的关心和理解,透露出的是夫妻间的欣赏和支持。反之,讽刺挖苦、恶语相加,再牢固的感情也会出现裂痕。

姚刚是一家公司的业务主管,他耿直、倔强,不善表达,说话往往直来直去,没深没浅。他的妻子苏芹芹是一位小学教师,能歌善舞,热情泼辣,她不仅爱岗敬业,还热衷于公益事业。面对这么一位妻子,姚刚内心里有一百个满意,嘴上却从来没有表示过。幸福、宽容、豁达的苏芹芹不在乎丈夫那张"笨嘴",抱着得过且过的心理,忽略了丈夫的鲁愚和迟钝,在她眼里,只要小日子不出大问题,怎么将就也是一生。可是随着时间的推移,姚刚不会说话的毛病也在逐渐影响着他们的婚姻质量,小口角、小闷气不断在他俩之间发生了。社区举办消夏晚会,多才多艺的苏芹芹踊跃报名,闪亮登场,她又是独唱,又是领舞,乐得左邻右舍赞赏不断,掌声不止。可她兴冲冲回到家里,姚刚却兜头向她泼来一盆冷水:"你呀你,也不照照镜子,多大年纪的人了,还装小姑娘呢! 你就整天疯吧,也不怕人家笑话!"说着甩门而去。

有一天,芹芹兴冲冲地告诉姚刚,她们几个同事一起参加了义工组织的活动,去孤儿院包饺子,电视台还给录了像呢。她一面说着,一面打开电视让姚刚看。没想到,姚刚一边看新闻一边冷言冷语地说道:"没劲! 徐娘半老了,还到处显摆。你倒挣足了脸面,我呢? 在家里连个热饭都吃不上,娶你这样的老婆,真是驴屎蛋子外面光!"

这种恶语,一下击中了苏芹芹积怨的气囊,她对这个态度冷漠、语言刻薄的丈夫彻底丧失了信心,终于做出了痛苦的选择……

**点评：**

有道是，妻子是花朵，丈夫是园丁。做丈夫的，要经常不断地浇灌自己心爱的"花朵"，这样，妻子才会娇艳无比，楚楚动人，婚姻关系才会新美如画，地久天长。诚然，浇灌"花朵"的方式方法千姿百态，各有其妙，但对妻子的赞美、欣赏却是实践认知的主旋律。那些对妻子不闻不问，漠然视之的丈夫，非但得不到妻子情感的"反哺"，还会将婚姻带入危险的边缘。

# 8. 妻子讨厌"吝啬郎"

夫妻关系一旦确定，做丈夫的理应慷慨大方，顶天立地，不可畏畏缩缩，小里小气，否则，将会给美满的婚姻带来无穷的隐患。

赵晓军和程莉是大学里的同班同学，来自农村的赵晓军家境比较困难，也就养成了节俭的习惯。节俭是好习惯，可一旦节俭过了头，该花的钱不愿意花，那就成了吝啬。晓军就这样，经常该花的钱不愿意花，是个典型的"吝啬郎"。

晓军的吝啬，在恋爱期间就已经表现出来了。每次约会，看电影、吃夜宵，晓军从来不主动掏钱，善解人意的程莉觉得自己家庭条件稍好一些，也就没在意。正像巴尔扎克所说："吝啬往往造成一种自己不应该付出的错觉"，晓军也没有成为例外，面对程莉的慷慨大方，他习以为常，心安理得，好像两个人在一起的消费跟自己没有关系似的。

临近毕业时，程莉过生日，晓军破天荒地提出请程莉吃火锅庆贺。可点菜的时候，晓军执意说自己已经吃过了，只点了一盘羊肉，一盘青菜。服务员按人头端上了两盘火锅佐料，晓军又要退掉一盘，服务员解释说，上了桌的菜按规矩是不能退的。晓军为了这5元钱的佐料，竟跟服务员吵了起来。最后，饭店寸步不让，觉得理亏的晓军便让服务员打包，把佐料带了回来。这个生日，让程莉过得非常郁闷。毕业后，他俩双双分到了教育系统，心胸宽阔的程莉也接受了晓军的求婚，披上了新娘的婚纱。

婚后，随着教师工资的几次普调，他俩业余时间还各自做起了家教，经济条件逐渐得到了改善，住上了大房子还买上了私家车。日子富裕了，但晓军"手头紧"的习惯却丝毫没有改变。逢年过节，程莉和晓军回娘家，程莉要给父母买些礼物，晓军总是阻挠，还口口声声说，都是一家人，何必这么客气呢。从程莉娘家回来的时候，兄弟姐妹拿回家孝敬父母的礼物，晓军看着什么都新鲜，只要别人让让，他就毫不客气地揽入门下，欢天喜地大包小包地往回拎。程莉为这事没少跟晓军吵嘴，晓军却总是振振有词："你的兄弟姐妹哪家也比咱们富裕，救济一下还不应该吗？"程丽愤懑难忍，不屑以对。晓军依然不思悔过，我行我素，时间长了，晓军成了程莉娘家人不受欢迎的接见对象。

程莉生孩子坐月子的时候，朋友们相约一起到家里来探望。程莉让晓军去饭店订餐招待朋友们，晓军心疼钱，坚持自己做饭。结果，来了七个人，晓军包了70个水饺，一人十个，不多不少。朋友们看着桌上的饺子，竟没有一个人动口，大家谎称有事，匆匆告辞了。

程莉在朋友面前失了面子，也对晓军的吝啬彻底伤透了心。她觉得，挣钱本来就是花的，只挣不花就成了金钱的奴隶；一味坚守吝啬，不但是一种不良习惯，还是一种自私品质。故而，程莉重新考量了晓军，觉得不能将自己的一生寄托给这样一个人，两个人的婚姻从此也就步入了冰窟……

**点评：**

两口子过日子，消费观念不同，如何花，如何省，是一门学问。老百姓有句俗话，敞开门交朋友，关上门过日子。勤俭节约是优良品德，但过分节俭就是吝啬，作为一个男人，在亲朋好友的礼尚往来中，要懂得为人处事的大节。过于吝啬，不但伤害了夫妻感情，更冷漠了人情关系，造成婚姻的不和谐。还是那句俗语，"做人要大气，男子汉更应该大气！"

# 9. 相爱莫做"粗心郎"

幸福的婚姻,需要温馨和浪漫,做丈夫的如果没有浪漫的情怀,就不会打造有滋有味的家庭生活。婚姻的僵硬,往往从枯燥无味中起始。

刘一群是一家公司的销售经理,常年奔波在外,经常喝酒应酬,深更半夜回家是家常便饭。他的妻子韦梅是全职太太,一个人在家照料孩子,收拾家务,生活忙碌而又枯燥,她最大的心愿就是丈夫能多在家陪她聊聊天,品尝她做的拿手好菜。

韦梅是个细心的妻子,称职的家庭主妇,凡事都考虑得细致周到,打理得井井有条。为了庆祝她和老公的结婚纪念日,韦梅特意把孩子送回了娘家,精心烧制了一桌拿手好菜,打开了干红,看着墙上的钟表,一分一秒地等老公回家。她在想象着老公的礼物:或许是一束蓝色妖姬,因为谈恋爱时,每逢情人节,刘一群总是手捧一束令人心动的蓝色妖姬如约而至;或许是自己一直想要的面包机,因为家里需要它。时间一分一秒过去,韦梅不停地给老公打电话,刘一群正在应酬客人,电话里总是敷衍地说,一会儿就回家。韦梅等到了晚上 10 点多钟,老公醉熏熏地回来了,他似乎早已忘记了结婚纪念日,一头栽到沙发上呼呼大睡起来。

第二天,老公清醒了,韦梅跟他抱怨昨天结婚纪念日的事。没想到老公却满不在乎地说:"你就是在家闲的,整天搞小资情调,我天天忙得跟陀螺似的,哪有心情哄着你玩"。

尽管韦梅很生老公的气,但想到老公为了这个家每天奔波操劳,确实不容易,也就原谅了他。

很快老公的生日到了,韦梅知道老公特别喜欢用手机上"微博",她拿自己的稿费偷偷买了最新款的 iphone4 ,刘一群接到这款心仪的礼物时,高兴地把韦梅搂在怀里,幸福地说:"知我者,夫人也!"他还郑重地承诺,等韦梅过生日时,他也一定有惊喜敬献！

转眼，韦梅的生日临近了，她总是不经意地在老公面前提起，内心特别期待老公能给她过一个令人难忘的生日。结婚三年了，老公的生日，她次次给他送上惊喜；而她的生日，老公每次都忘得干干净净。她的心里有一些淡淡的失落，感觉老公没有相恋时那样在乎她了，他的爱在随着岁月渐渐打折。

韦梅生日那天，她特意委婉地提醒将要出门的丈夫，想不到老公却摆摆手说："知道了，你多大的人了，还跟个小孩子似的，天天吵着要过生日！"

晚上，好不容易等到老公下班回家，韦梅像小燕子一样扑了上去，急不可待地想知道老公给她准备的特别礼物。没想到，老公"哎呀"了一声，连连抱歉："对不起，对不起，我今天真是忙晕了，又忘干净了。"韦梅赌气地把老公的公文包往沙发上一扔，眼泪随之掉了下来。她声讨老公道："你总是拿忙当借口，我看你就是心里没我，不爱我了早说，别敷衍我。"本来一个满心欢喜的生日，在你一言我一语的争吵中度过，韦梅对幸福的婚姻生活失望了。

**点评：**

夫妻间感情的培养，体现在平淡生活中互相关心、互相承诺上。一方感情细腻、浪漫温情；一方粗心无意，不解风情，必将造成两个人情感上的落差。时间久了，这种积怨必将成为夫妻感情的定时炸弹，不仅互相伤害，也把本是幸福的婚姻生活推向脆弱的边缘。

# 10. 妻子喜欢"宰相肚"

　　程琳的老公张云飞是个细心、体贴的男人，结婚前，程琳很享受这份体贴入微的呵护，而婚后，老公的心细如丝却变为匪夷所思的猜忌、斤斤计较和死缠乱打，让程琳的生活处于无尽的烦恼和压抑之中。

　　上大学时，程琳是校学生会副主席、舞蹈队队长，很有异性缘。结婚之后，张云飞就开始像当年长江抗洪那样严防死守着妻子，限制她跟异性的交往。有天晚上，几个同学约程琳出去吃饭，恰巧张云飞的手机欠费停机了，她就在家里留了一张字条，说了去处。张云飞回来之后没有看见那张字条，就发了疯似的满世界地找。程琳一进家门，他就大吼大叫，还仔细盘问饭局中到底有谁，口口声声地说："饭桌上有男有女，谁知道你们能干些什么呀！"那一刻，程琳感到了极大的侮辱，恨不能抽他两耳光。发展到后来，张云飞还经常以接她下班、送雨具、正巧路过等借口，到程琳单位不定时"抽查"。起初，同事们都羡慕程琳找了个好老公，但渐渐地大家也都知晓了张云飞的真实目的，背后议论程琳有一个惹不得的小心眼老公，也就敬而远之了。

　　程琳在外企工作，凭着出色的工作能力，很快被提拔为公司市场推广部的经理。张云飞在政府机关上班，小心翼翼地干了好几年，才熬了个副主任科员，三个处长使唤他这一个兵。妻子高升后，张云飞连自己的老婆也开始嫉妒了。妻子薪水比他高，他心里也不平衡，每到发薪水那几天，他一准板着脸，说话不阴不阳的，找个茬发泄发泄心里才好受。张云飞独揽了家里的大事小事，凡事由他做主，可依旧坦荡不起来。他三天两头翻妻子的手机短信，偷查话费单，妻子在家接听个电话，他都要详细问问谁打的，有什么事。妻子每次出去见客户，回来后他都要像审贼一样盘问半天。妻子不仅要说得天衣无缝，还要找"旁证"形成"证据链"他才罢休。后来，他还干涉起了妻子出差，偷偷地给妻子老板打电话，想尽各种理由阻挠。妻子出差回来,他非要一番热吵或冷战,心里才舒服。要是轮到张云飞偶然出差到外地,他更是电话打个不停,时时刻刻进行查岗。这种没有自由的爱,让程琳像上了精神枷锁,压抑得喘不过气来。

程琳的娘家是个多子女家庭,哥哥、嫂嫂一大家子十几口人,只有老公一个姑爷,每次回家团聚,父母亲都高兴地忙里忙外,吃饭的时候,也总是习惯先给媳妇夹后给姑爷盛,就这么点小小的顺序差别,竟招惹了张云飞的敌意和不满。回家后,张云飞就跟程琳发狠话,说岳父、岳母总是有意冷落他,他们家人根本看不起他,既不把他当客待,更不把他当人待,发誓以后再也不去岳父母家丢人现眼了。

逢年过节时,两家的父母凑在一起喜欢打打麻将,兴头之余也加些赌注。张云飞赢了钱还好说,要是输给了岳父母,他回来就跟妻子要钱,还振振有词地说:"我是为了让你爹娘高兴才故意输的,你不能让我倒贴钱。"为了一张出错的牌,他反反复复后悔个没完,叨唠到半宿睡不着觉。张云飞因为"小心眼",跟人打交道时总是显得很自私,缺乏胸襟。有次,程琳的哥哥搬了新居,请兄妹们一起"温锅"吃饭。回家后,张云飞的妒忌之火就点燃了,他在程琳面前挑拨离间,添油加醋地说,程琳哥哥买新房的钱是其岳父母赞助的,他早就看出岳父母重男轻女,还挑动程琳回娘家平分购房"赞助款"。程琳与哥哥们之间的感情向来很好,一次两次也就罢了,时间久了,她看到自己的老公如此狭隘和龌龊,打心眼里瞧不起他了,最终,她向老公提出了离婚。

**点评:**

俗话说,"宰相肚里能撑船"。作为男人应该心胸大度、豁达,才能赢得女人的尊敬和爱戴,才能让妻子觉得是座稳固的靠山。若对小事斤斤计较、不依不挠,甚至猜忌和限制妻子的交往自由,必将引起妻子的反感,激发起家庭矛盾,最终瓦解幸福的婚姻生活。

# 11. "冷战"比"热战"更可怕

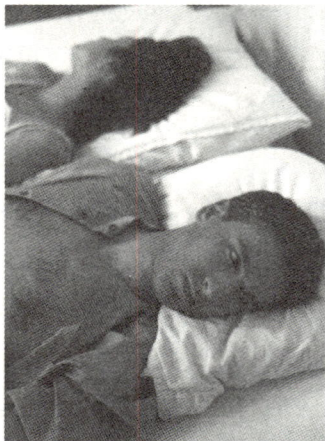

似乎天下夫妻没有不吵闹的。俗话说，夫妻吵架"床头吵来床尾和"。"吵"也是夫妻间的一种沟通方式，而"冷战"却是一种拒绝沟通的非理智行为，它往往导致夫妻双方感情冷漠，分道扬镳。

张存宝和董娇都是独生子女，两个人结婚后经常为一些小事争执，延续下来的便是"冷战"。张存宝脾气倔强，从来不肯低头认错，每次都是董娇主动跟他求和，两个人的关系才渐渐缓和下来。

张存宝特别喜欢车，他们结婚时新买了一辆黑色的"别克"，有事没事他就喜欢摆弄他的"坐骑"，把黑色的"别克"擦得像镜子似的，能照出人影来。一次，董娇的同事来借车用，董娇不好意思回绝，就爽快地答应了。老公回家后，知道了这事儿，双眼一瞪，埋怨董娇擅作主张。迫于丈夫的压力，董娇只好默默认错，并答应下不为例。

没想到事出意外，同事的驾驶技术实在太糟，途中"别克"被划，送了4S店修补，留下了明显痕迹。张存宝看着受伤的爱车无比心疼，无论董娇怎样解释，他都不愿原谅她。从此，两个人又陷入了"冷战"。

半个月过去了，两个人还在"冷战"中煎熬，董娇做饭，丈夫不吃，还搬到了书房就寝。家里的气氛死一般的沉寂，董娇好几次想跟张存宝主动说话，但一抬头，看到老公那张冰冷的脸，不搭理人的漠然态度，想说的话又咽了回去。

转眼张存宝的生日到了，董娇精心准备了一桌拿手好菜，她在精美的生日贺卡上写下了一句道歉的话：亲爱的老公，爱车受伤了，我知道你很心疼，都是我的错，不要再为此事纠结了；以后，我们还可以再挣钱换新车，若为这事影响我们的感情，太不划算了；生日快乐！你的爱妻。

贺卡放在那里，丈夫看着，眉头依然未展，像是无动于衷。他扔下一桌子的好菜，起身去了办公室。

到了深夜，张存宝才回来，心存内疚的董娇热情迎上前去，嘘寒问暖，并为他打好了洗脚水。看到老公还是一脸阴云，董娇灵机一动，撒着娇靠了过去，不想，张存宝不耐烦地就势一推，董娇一下儿退去了几步。这下，董娇实在难以忍受了，她恨恨地指责丈夫："你，你太不像话了！不就是一辆车吗，你何苦这样呢！你知道吗，这车我还出了一半钱呢！为了一辆车，你这么别别扭扭，值得吗你！"

一气之下，董娇跑回了娘家，在娘家期间，她尽管对丈夫一腔抱怨，却也盼着张存宝会不期而至，进门给她道个歉，并接她回家。但是，一晃半年过去了，她的期望演变成了失望，董娇忍无可忍，就去乞求婆婆，想让婆婆做老公的工作，老人家告诉她："他就是这么一个倔种，我也只能试试看。"果然，婆婆一番努力，还是没有奏效，董娇的心彻底凉透了，经过痛苦的思考，她找到了张存宝，无奈递上了一纸离婚协议书。

点评：

夫妻间的矛盾，就像六月的毛毛雨，淅淅沥沥，丝丝不断。遇到了纠结，首先要互相理解，设身处地，如果沟通不畅，争吵几句也无妨，最忌讳的就是"冷战"。夫妻间一旦"冷战"，就预示着相对无语、分床而眠、分居而别，再拖延下去，往往会导致分手。因此，"冷战"有时比"热战"更可怕。因为"热战"，很容易挥发人的郁闷，排泄人的悲伤，故而，夫妻矛盾，尽量不要选择"冷战"。

# 12. 争吵不可 "翻旧账"

大吵三六九,小吵天天有。这是许多夫妻真实生活的写照。其实,夫妻间的磕磕碰碰,也是夫妻关系向稳定和谐发展的一种必然磨合。但是,吵架翻旧帐是最让人难以接受的,每个人都有痛苦的过去,过去的伤口不易愈合,翻旧账就相当于在揭对方的伤疤,又勾起对方痛苦的回忆。夫妻之间生活在一起,一旦伤害了感情,就会在心里投下阴影,为婚姻生活埋下隐患。

满小军跟宋璇是大学同学,读书期间,满小军一直暗恋着宋璇。当时,宋璇已经有了男朋友,就是他们的班长王军。两个人好得形影不离,如胶似漆,很快就到校外租房同居了。满小军默默地注视着自己心爱的人沉醉在王军的爱情里,内心既羡慕又嫉妒。然而,天有不测风云,毕业后,王军突遭车祸,失去了他年轻的生命。遭遇到如此大的人生打击,宋璇一下子从幸福的巅峰跌到了人生的谷底,整天恍恍惚惚、身心游离,一病而不起。在宋璇最艰难的时候,满小军来到了她的身边,无微不至地照顾她,还找来心理医生帮她做心理辅导,使得宋璇终于坚强起来,走出了那段痛苦的人生经历。

满小军第一次跟宋璇求婚,宋璇拒绝了。她说,她忘不了王军,她的身心已经容纳不下第二个男人。满小军作为一个普通朋友,在她身边默默陪伴了四年,在她最需要的时候,他总是第一时间送去关怀和帮助。慢慢地,两个人都成了大龄的剩男剩女。在家人的一再催促之下,王军参加了当地电视台的一个相亲节目《今日有约》,节目中,王军又一次对着千万观众向宋璇表白了自己的爱情。他说:"宋璇,我可能不是你人生中最爱的人,但我愿意作为最懂你的人,给你永远的幸福。"满小军的勇气和真挚,再一次感动了宋璇,宋璇答应了满小军的求婚。

婚后,他俩的生活一度很幸福,宋璇也十分珍惜与满小军的感情,想经营好这段婚姻。满小军觉得两个人年龄不小了,急切地想生个孩子。可宋璇的母亲刚刚检查出了癌症,宋璇怕生孩子牵扯精力。就这样,两个人为了孩子问题常常发生争吵,各说各的理由,谁都不想妥协。有一次,满小军急了,他突然对宋璇大吼起来:"我知道,你从来就没有爱过我,当年你为王军怀了孩子,学业都不要了,坚持想生;而今天,我这样苦苦求你,你却没的商量。我知道,你的心里从来就没有我……"

宋璇语塞了,她跟王军曾经的恩恩爱爱,满小军都真真切切地记在了心里,满小军一股脑地像竹筒滚豆子一样倒了出来,不知是当年的嫉恨还是现在的报复。宋璇脸上的泪水无声地流着,如同在旧伤口上一层一层撒盐,撕撕裂裂、清清晰晰地把她抛句了痛苦的深渊。不久,宋璇因精神分裂症住进了医院,他们的婚姻也有名无实了。

**点评:**

在我国民间流传着这样一句顺口溜:天上下雨地下流,小两口打仗不记仇。的确,夫妻两人生活在一起,避免不了要发生一些口角,但是,吵架切忌翻旧账。如果陈芝麻烂谷子全部翻出来,你翻我也翻,火上浇油,很可能会积腋成裘,甚至等于往对方伤口上撒盐,将矛盾不断升级,从而引发家庭战争,使婚姻陷入困境。

# 13. 争吵不可 "动拳头"

一个受妻子尊重的男人,一定是思想成熟、心理健康的男人,而不是滥用暴力的男人。夫妻吵架,男人一旦 "动拳头",伤害的将不仅仅是妻子的肉体。

周林是国有企业办公室里的一名小车司机,为人厚道、老实,在同事们当中很有人缘。他的妻子孟倩泼辣能干,自己经营了一家小饭店,做起了老板娘。开饭店很辛苦,早上要去市场进货,晚上要熬到深更半夜,等客人走了才能关门打烊。周林下了班就去饭店帮忙,端盘端碗,招待客人,人手不够用时,还兼当厨师上阵。小两口妻唱夫随,风里来雨里去,虽然辛苦,日子也过得和和美美。一天晚上,周林见饭店客人不多,就抽身跟同事们打牌去了,扔下孟倩一个人守着冷冷清清的生意。生意萧条,孟倩本来就心情不爽,回到冷冰冰的家,左等右等不见周林的身影,几次电话催促,周林也不回电,孟倩慢慢积起了心火。当天晚上,周林前脚刚踏进家门,孟倩就向他火力开战了。孟倩是刀子嘴,豆腐心,得理不饶人。

"我一个女人早出晚归地打理饭店容易吗? 哪个女人不想守着家,我有那个命吗! 就你一个月 2000 块钱的工资,我跟孩子喝西北风啊!"

周林赶紧陪着笑脸解释道:"老婆别生气,今天都是同事,我不去不好啊。再说，我也需要放松一下嘛！"

孟倩冷笑道："你上班看报喝茶，一个月那点工资还不够我一天挣的，还好意思厚着脸皮去放松！我整天跟鞭打陀螺似的，找谁放松去。摊上你这样的窝囊废，我是八辈子造了孽了。"孟倩越说越来气，嘴像机关枪一样扫射，笨嘴的周林根本接不上话茬，他气得浑身颤抖，愤怒就像冲出闸门的洪水。孟倩也是越说越委屈，满腔的怒火有些难以自抑。她顺手抄起桌上的花瓶向周林扔去，周林一闪，花瓶擦肩而过，撞在墙上，碎片满屋开了花。愤怒中，周林完全丧失了理智，他像一头雄狮，咆哮着扑向了孟倩。身强力壮的他，一下子把娇小的妻子摁在了床上，拳头像雨点似的落下来。孟倩连抓带挖、苦苦挣扎，也在周林身上留下了道道伤痕。两个人你撕我斗，惊动了左邻右舍。

冲突过后，周林也非常后悔，他一个劲儿向妻子道歉，泪流满面的妻子，却死活不接受他的道歉。周林不想失去妻子，不想失去这个苦苦支撑起来的家。他赎罪似的一再向妻子示弱讨好，妻子对他根本就不屑一顾。

**点评：**

夫妻吵架是不可避免的，但争吵中丈夫一旦"动拳头"，性质就发生了根本的变化。跟妻子"动拳头"，非但反映了一个男人的教养不够，还会引起战争升级，给家庭、婚姻带来毁灭性打击。因此，夫妻争吵，一定要克制自己，万万不可"动拳头"。

# 14. 争吵学会"举白旗"

夫妻之间,争吵斗嘴在所难免,吵吵闹闹过一生,扰扰嚷嚷又一世。吵架也是婚姻生活的调味剂,学会"举白旗",嬉笑怒骂之后,依然是一对恩爱的"欢喜冤家"。

程鹏和茹萍就是这样一对"欢喜冤家"。三天两头一小吵,十天半月一大吵,用程鹏的话说,吵架,是技术的问题;而和好,则属于艺术的范畴。程鹏已经把"举白旗",哄老婆开心当作了艺术创新,一次次新颖出招,成了他百攻必夺的武器。

一天,他俩为了谁洗衣服又争吵了起来。程鹏说,上周的衣服是他洗的,这一周,轮也该轮到茹萍了。茹萍以来例假为由,坚决拒绝。两个人你一言,我一语地辩论起来。程鹏说:"洗衣服天经地义就是女人的事,作为男人适当分担可以,但没有全部包揽家务一说。"茹萍当然不依不挠,她争辩道:"谈恋爱的时候你怎么不这样说呀,那时,你连袜子都给我洗。怎么,结婚了就想当'甩手掌柜'了?可见,你的爱情太虚伪了。"程鹏马上反唇相讥道:"从前,从前那是我太宠你了,看看你现在吧,越来越不像话了,一干家务就要赖!"吵到最后,茹萍一甩门,回了娘家。

程鹏看着家里乱七八糟,连立脚的地方也没有,只得皱着眉头,挽起袖子收拾家。程鹏和茹萍从小在军队大院里长大,他一直把茹萍奉为心中的女神,她的冰雪聪明让人刮目相看,她不但轻松被保送进了北大,还读到了博士后,而程鹏连考两年,才勉强上了个二本。茹萍从来没嫌程鹏文凭低,这也是程鹏最知足的。

晚上,程鹏做好了一桌菜,打电话给茹萍:"姑奶奶,我累了一天,腰都直不起来了,难道还得让我亲自去请安吗?衣服全洗干净了,请老婆大人回家验收吧。"茹萍想了想,也就顺坡下驴了。她回到了家,看到衣架上的"万国旗",不禁心花

怒放，气儿消了一半。程鹏见茹萍回来了，摆上了她最爱吃的糖醋里脊，打开了一瓶干红，两个人一碰杯，一场交战又画上了圆满的句号。

一个堂堂的博士后嫁给了一个本科生，闺蜜们总是替茹萍打抱不平，而见到她一脸婚姻的甜蜜，大家都不思其解。向她讨教秘笈，茹萍羞涩地说道："我跟老公啊，性格上是针尖对麦芒，火气上来了，谁也不相让，但争吵过后，老公总是喜欢'举白旗'，而且花样百出，我很享受这份宽容。"

茹萍找出一个"万宝囊"，里面收藏了程鹏每次吵架赔罪的小玩具和道歉信。其中有一个跪地求饶的布偶，单腿跪地、双手举牌，上面写道："老婆我错了，求求你，饶了我吧！"茹萍回忆说，这是他俩结婚第一年过春节时争吵的"战利品"……

程鹏说："结婚第一年，儿媳妇应当在婆家过年，这是老一辈的规矩。"

茹萍争辩道："我在家里是独生女，本来嫁掉女儿，父母心里就空落落的，大过年的，家里剩下老两口，冷冷清清的还不更难受。"

程鹏坚持说："今年先按老风俗回婆家，以后过年全在丈母娘家过！"茹萍毫不妥协，两个人就各奔东西，回了各自的家。

年三十上午，程鹏却突然大驾光临，不但让茹萍的父母惊喜万分，也让茹萍感到了意外。程鹏变戏法似的变出了这个小布偶，茹萍特别喜欢，尤其是上面的话，让她高兴地过了一个兴奋的"年"。

这样的喜剧情节在程鹏和茹萍的生活中一幕幕上演着，他们这一对"欢喜冤家"，在"吵"并快乐中经营着自己的幸福。


**点评：**

夫妻吵架，丈夫善于"举白旗"，不但是一种胸怀和姿态，还是一种智慧和涵养，也只有这样，夫妻争吵才不会形成恶性裂变，才会确保婚姻的稳定和鲜美。

# 15. "当面训妻"太荒唐

黄一行是一名电力企业的技术工人,他讲义气、重感情,但脾气急,性子暴,说话没分寸,容易得罪人。他的妻子孙莉是一名幼儿园教师,天天跟孩子打交道,性格温和,开朗豁达。小两口都热情好客,朋友很多,业余时间经常跟朋友欢聚一堂。

一次,朋友安排了一个情人节晚宴,黄一行和妻子一起前往。朋友的家坐落在青岛浮山脚下,依山傍水,风光秀丽,这为晚宴更增添了几分诗意。

晚宴在欢快的气氛中进行,黄一行和朋友喝到兴奋处,突然想起自己车里还有一瓶陈年"茅台",即刻吩咐妻子去取,以为大家助兴。可过了老半天,妻子才沮丧归来,黄一行也没看妻子脸色,兴冲冲地对妻子说:"孙莉,赶快打开,给哥们几个斟满。"妻子一脸窘迫,语轻声颤:"真……真不好意思,装酒的纸袋子散了,我一提,酒瓶'哐'地掉在了地下……"孙莉话音未落,黄一行"噌"地跃起了座位,厉声吼叫道:"你知道这酒多少钱吗? 还嬉皮笑脸呢! 你整天就冒失吧,真败弟兄们的兴!"剑拔弩张,引来了酒友的劝解,有人打着圆场说:"老黄,不就是一瓶酒吗,打了就打了,别埋怨人家孙莉了,她也不是成心的。再说,咱们也喝得差不多了,喝多了没好处。"黄一行却依然不依不挠,愤恨地说:"这娘们儿早就欠抽了,不骂她几声,她不知道姓什么!"孙莉面色难堪地站在大伙面前,眼圈一下子红了。

一个本来很浪漫、很高兴的情人节之夜,为了一瓶"茅台",竟搅得孙莉五味杂陈,郁郁闷闷。

后来,朋友们又一起相约去春游,路上,孙莉开车。在超车时,孙莉由于没顾得看后面的车辆,加速过快,与旁边车辆造成了"擦边",虽然有惊无险,但后视镜给碰碎了。朋友们的车也停了下来,大家都在安慰惊慌的孙莉:"换个后视镜也花不了几个钱,虚惊一场,权当接受一次教训吧。"黄一行却成了另类,他就坐在副驾驶上，破口大骂孙莉："真是个窝囊废，什么事也干不了，快滚到后座去！"

惊恐中的孙莉还在木讷着，黄一行又急了，扔下一句更伤人的话："你愣啥呀！说你两句怎么啦？跟你出个门，真丧气！"孙莉冤屈无比，盈着眼泪，一头钻进了朋友的车里。

朋友觉得黄一行太过，纷纷前来指责他，不以为然的黄一行振振有词地说："这娘们儿笨手笨脚的，不教训她，还不知道会怎么样了！"

这天，老师来做家访，起因是儿子在学校惹了祸。黄一行听完老师的述说，怒火立马点燃了，儿子不在家，他把气统统撒到了妻子身上，他指点着妻子吼道："你是怎么教育儿子的，你是怎么当母亲的?! 连个孩子也管不好。你也是个老师，就你这素质，还能教育好别人家的孩子，真是误人子弟！"孙莉被训得面红耳赤，当着孩子老师的面又不好说什么，只能傻傻地笑着。

老师走后，忍无可忍的孙莉终于爆发了，她将这些年来丈夫的过激行为一一罗列，决心讨个公道，黄一行哪吃妻子这一套，态度蛮横地说："我从小到大就这脾气，我爹我娘都管不了我，你还来教训我？受得了就过，受不了就走人……"孙莉面对蛮横的黄一行，彻底绝望了。

**点评：**

常言道："当面教儿，背后教妻"。呵护、珍爱和尊重妻子，是当丈夫的必修课，也是一种涵养或品质的体现，那种不分场合、随意呵斥、诋毁妻子的人，至少是一种没有修养、不懂得爱情的表现，尤其在讲究男女平等的时代，做丈夫的更应当尊重女性、关心女性、爱护女性。

# 16. "吹毛求疵" 太伤人

两个人在一起生活得久了,难免会相互之间看着不那么顺眼,也会说些吹毛求疵的挑剔话。说者无心,听者有意,这些话也许一时不会给对方造成很大的伤害,但次数一多,难保不进入对方的心里去,这样,难免会给婚姻带来不必要的伤害。

赵传伟和李如风从外形上看绝对是最般配的一对,男的长得是英俊潇洒,女的也是灵动俊秀。两个人几年前在一场婚宴上相遇,一见钟情,经过三个月的相处,两个人就闪电般地进入了婚姻的殿堂。如今,朋友圈里还流传着两个人缘分天注定的传奇。只是如今,传奇中的两个人已经结婚两年了,也开始走入了平凡夫妻的平淡生活,开始有了普通家庭所有的点滴矛盾。最近,两个人竟然沸沸扬扬地闹起离婚来。相熟的朋友跑去询问李如风,她那叫一个伤心,不停地哭诉着自己的遭遇。

赵传伟如今怎么看她都不顺眼,以前他总是夸李如风长了一双丹凤眼,很美丽,现在呢,他直接说那是"丑死人的单眼皮",小巧玲珑的鼻子也被他说成是"皱巴巴的猫鼻子",婉转亮丽的嗓门更是被赵传伟称之为缺乏女人味的"破锣嗓子"。从赵传伟开始挑剔她的外貌,李如风就有点不太高兴,不过她想着丈夫也就是无意中说着玩玩的,毕竟两个人都相互看了两年了,多少也有点厌倦,他这样讲话,反而还为生活增添了些许的幽默。渐渐地,她开始反感起丈夫的话语来,因为丈夫开始挑剔起她的家务,还时常将她和一些别的女人对比。两个人常常会因为丈夫的一句话开始一场声嘶力竭的争吵。

有一次,适逢赵传伟的生日,李如风开开心心地为丈夫准备了他最爱吃的糖醋里脊、竹笋炒肉片、酸辣土豆丝等,还特地开了一瓶珍藏许久的 82 年红酒。她

想着,两个人前几天才大吵过,现在要好好利用这个机会将裂痕弥补。想着想着,她嘴巴里哼起了小曲,开心地幻想着丈夫如何夸她能干。赵传伟一进门,看到饭桌上这么丰盛的晚餐,高兴地说道:"老婆,今天是什么日子,怎么这么多好吃的,有客人来吗?"李如风开心地扑到丈夫的怀里:"亲爱的,生日快乐。这都是我特意为你准备的。怎么样,喜欢吗? 我们好久没有在一起吃饭了。"赵传伟感动地望着妻子,拥着她走到了饭桌上。才吃了两口,他突然叫起来:"你是不是把糖全放到里脊里了,这么甜,怎么吃!"李如风脸色一变,马上又缓和了,她想着是丈夫的生日,就说:"可能是我太高兴了,把糖再次当盐放了。亲爱的——"她拉长了声音,想转移丈夫的注意力,"你今天过生日,还有什么愿望想要实现的?"话题一转,赵传伟也就忘了自己的话,开心地和妻子讨论着白天才看到的一个影评,想邀妻子一起去电影院观赏,李如风幸福地依偎在丈夫的怀里。隔了一会儿,赵传伟突然想起了什么:"这红酒你什么时候开的啊?"李如风还以为是什么大问题呢,就漫不经心地回答:"我把饭做好,就开了,这不还特意给你倒了一杯呢!"赵传伟提高了嗓门:"你不知道这酒很珍贵,不能开这么早吗? 我都告诉你多少次了,还有红酒怎么能配这些家常菜来吃呢? 你看人家郭太太,多懂红酒啊……""那你嫌弃我不懂酒,你去找她过啊!"李如风忍了很久,很生气地打断了丈夫的话,"前几天你还指责我把你衬衣没洗干净,也没叠放整齐,你怎么不自己做啊! 你没看看你衬衣上粘的什么东西,就先说我。这我都不和你计较了,今天倒好,你生日,我特意请假忙了一下午,快被厨房的油烟呛死了,你怎么没看到啊,就会说我糟蹋你的红酒。"赵传伟站了起来:"我才说了你几句,你就来劲了,说这么多。不懂还装懂,你还真有理了,这日子没法过了。""不过就不过,"李如风也站起来,将一桌酒菜掀翻,"当初老娘怎么没看出你是个完美主义者啊,那你就去找你的仙女去吧,老娘还不乐意伺候了呢!"说完,李如风就哭着跑出了房间。赵传伟一个人站在客厅里,看着满地狼藉,感慨着:"我说什么了,这么激动! 真搞不懂女人怎么这么小心眼。"他却不知道去想自己错在哪里。

**点评:**

夫妻相处久了,尤其是丈夫,难免会产生一些别的想法,总觉得老婆这不好那不好的,想着想着就开始将老婆和别的女人对比,指责起老婆细枝末节的不是来。这看上去是一件不起眼的小事,时间长了,难免会积聚成很大的矛盾,阻断婚姻生活的顺畅发展。聪明的丈夫,请别再挑剔妻子无关紧要的毛病,也千万不能将她和别的女人对比,那将会极大伤害她的心灵,也会影响你们的婚姻质量。

# 17. "分居"分出的温馨

照顾双亲本是天经地义，但双亲和小夫妻俩毕竟是两代人，长久生活在一个屋檐下，难免会激发一些矛盾，从而很容易影响小两口的婚姻生活。而如果处理得当，则会为自己的婚姻增光添彩。

任小水和丈夫魏直是自由恋爱结婚的。毕竟是自己挑中的，小水对丈夫很是满意，他不但人长得帅，能干，而且知道心疼人。任小水的日子不知道过得有多滋润，这一切在婆婆来了之后全改变了。

魏直的双亲一直生活在乡下。魏直和小水新婚燕尔的，他们也不好来打扰。奈何，乡下发了大水，魏直不放心父母两个人在乡下，就力主接他们来城里。小水也答应了，她想着自己也没有父母亲了，丈夫的爸妈也就是自己的双亲。她万万没有想到，这是麻烦的开始。小水在单位无论忙得多辛苦，一回到家，就开始挽起袖子，去厨房做饭。吃了饭，还要擦地板，帮公婆洗衣服，收拾房间。她觉得自己已经做到无比贤惠的地步，和公婆朝夕相处，早晚侍奉跟前。就这样，公婆却没有给她好脸色，小水和丈夫反而时常因为公公婆婆的一句话而大吵大闹，小水很是苦恼。

在单位，所有的同事都在抱怨婆婆不好相处，唯独同事小环一脸淡然，这让任小水很是羡慕。她总觉得小环和公公婆婆相处得特别好，逢年过节总能收到公婆送来的价值不菲的礼物，而她看小环也并没有将公婆接到自己的家中住，并没有时刻承欢膝前。她很是纳闷，只是一直没有顾得上去问。

又一次吵闹过后，小水生气地甩门而去，打电话约小环一起喝茶，她忍不住地问起小环其中的秘诀来。

小环笑了笑："哪有什么秘诀？只不过我们'分居'，每周定时去公公婆婆家。""分居？"小水吃惊地叫道，"那怎么照顾老两口的生活啊？他们不也只有你老公一个孩子吗?"小环说:"是啊。不过我们住得并不远,楼上楼下,而且父母他们也想自己住,这样我们就不容易有矛盾了。雾里看花嘛,时不时地我和老公再给他们来点小惊喜,这很让老人家开心。""原来如此啊,我说你公婆怎么一直对你这么好呢!回头我也试试。"小水点了点头。

回到家的小水试探性地询问老公的意见。老公一开始并不同意,小水说起和小环谈话的内容,又不停地说:"又不是不养活、不管他们了。你看他们还是有自理能力的,如果实在不方便,让咱们请的钟点工去他们那里帮忙。我们俩都要上班,平时在家也没有工夫帮他们做饭什么的。"无奈之下老公同意了小水的建议,在所住楼栋的楼下又帮父母租了一套房子。而父母也不习惯媳妇的很多行为,答应搬出去住,情况从此开始有了好转。

小水休息的时候总是去公婆那边帮忙收拾房间,每次都不空手去,带些老人家喜欢吃的食物和一些新奇的玩意。老人问起价钱来,她总是说没什么,是应该孝敬。如此,曾经因为金钱经常争吵的问题逐渐缓解了,公公婆婆再也不挑剔媳妇大手大脚了。

而小水呢,因为只是偶尔和公公婆婆见面,再也不觉得照顾他们是一件辛苦的事情。原来每天下班后去照顾公婆老是被说"给脸色"看,而如今,公公婆婆总是会关心地问起媳妇的身体和工作,老在叮嘱小水注意身体。每次有客人来访,公公婆婆总是开心地夸媳妇孝顺;出去闲逛的时候,也会给媳妇挑选一些金银首饰,这让小水很是开心。

小水的老公也夸赞小水聪明,夫妇俩再也没有因为父母问题而争吵,关系更加密切了。

**点评:**

婚姻的长久离不开双方父母的支持,而父母的支持却来自相处的智慧。聪明的夫妻往往会采用适当拉长"距离"的方法让亲情如雾里看花、甜蜜美好。跟长辈"分居",不但于孝敬无损,反而使得两代人之间的感情更加美妙,少了鸡毛蒜皮的争吵,多了亲情的甜蜜。而小夫妻的婚姻也会因为没了家庭琐事的干扰,而减少了争吵,增加了甜蜜。

# 18. 妻子不是"出气筒"

作为丈夫,总是要承担着方方面面的压力,有家庭对他的寄望,更有社会对他的责任赋予。他总是生活得很累,总想找到一个出口把这些焦虑全都丢弃出去,于是总有些有意无意的男人,将一腔的怨气全都倾洒给了妻子。这样不仅会伤害到你的妻子,更会让你的婚姻毫无乐趣可言。

关雨薇是一家美容会所的资深美容师,才23岁,就坐到了艺术总监的位置上。她和丈夫隋广胜的相识很有戏剧性。当时隋广胜的一个朋友结婚,他是伴郎,因为新娘子的盛情邀请,陪伴新郎新娘去雨薇所在的美容机构化妆。那天去了很多人,现场一片混乱,雨薇不留神就将隋广胜当成了新郎,闹了个大红脸,而两个人也自然而然地成了朋友。

男未婚,女未嫁,两个人越看对方越觉得顺眼。隋广胜是一家药品公司的高级销售人员,收入颇丰,长得更是有棱有角,浓眉大眼,正是关雨薇喜欢的那一类型的男人。隋广胜呢,看雨薇也正是他的梦中女孩的样子,肤色白皙,举手投足间处处流露出优雅女性的气息。相处三个月,两个人闪电般地结了婚。

婚后前几个月,他们相处得特别融洽。下班后,关雨薇特意为丈夫走进从未涉足过的厨房,洗手做羹肴。隋广胜呢,对妻子更是百依百顺,不时带回鲜花、新衣,博得美人一笑。两个人融洽温馨的状态随着药品公司的破产而终止。

隋广胜所在的药品公司因为经营不善,被另外一家公司收购。原来的高薪水再也拿不到了,连职位也岌岌可危。新来的一把手一上任,雷厉风行,制定了十分苛刻的奖惩制度,隋广胜的压力倍增。在单位里,他很是努力奋进,做什么事情都是小心翼翼的,可这仍旧挡不住领导挑剔的眼光。他对隋广胜百般指责,为了工作,隋广胜在单位里只能忍着。

一回到家,隋广胜就憋不住心中的气,百般指责妻子的不是。什么饭做得不好啦,地板没有擦干净啦,他的衣服没有叠整齐啦,鸡蛋里挑骨头。开始的时候关雨薇很体谅丈夫的心情,总是不和他计较,只是莞尔一笑,有时候还劝慰丈夫放宽心,她安慰丈夫困境很快就会过去的。冷静下来的隋广胜每次都很诚恳地向她道歉。一次,两次,关雨薇都可以忍下来,只是次数一多,她的怨气也在逐渐聚集。

有一次,忙了一天的关雨薇疲惫地回到家,无精打采地躺在沙发上睡着了,忘记了做饭。隋广胜回来,一看灶台冰冷,而妻子睡意正酣,他的怒气汹涌而至。他气冲冲地捏了捏妻子的脸:"什么时间了,都不知道做饭,饿死我了!"关雨薇一听丈夫的口气就知道他又挨批了,她有气无力地说:"我很累,好像有点发烧。你叫一下外卖吧,电话号码都在桌上,想吃什么就叫点什么吧!我不吃了。"隋广胜很是生气,他肚子饿得厉害,心里还憋着一大团火,大声地吼道:"你还装起病西施了!我每天累死累活的,你还在这里偷闲啊!"关雨薇头疼得很厉害,又觉得丈夫的话很寒心,她怒气冲冲地坐起来:"隋广胜,你不要欺人太甚。我怎么没有赚钱了,我的工资也不比你少多少。你像男人吗?一个大老爷们,没事朝我撒气干吗!"隋广胜恼羞成怒,直接扇了雨薇一耳光。雨薇有点惊呆了:"果真不简单啊!都学会暴力出气了。你别后悔!"说着,雨薇跌跌撞撞地冲出了门。

第二天,隋广胜的情绪平复下来,感到很是懊悔。于是他去妻子的好友家接雨薇。雨薇打定主意不愿意回,还声色俱厉地说她已经想好了和他离婚。隋广胜一下子慌了神,他压根儿也不想放弃这么贤惠的老婆。禁不住他的一番硬磨,雨薇答应跟他回去了。她和丈夫促膝谈心,讲到了自己的为难,和对丈夫的理解,也希望得到丈夫的理解。她希望隋广胜不要将她当成出气筒、受气包,自己在外面受的委屈可以和她开诚布公地谈,但不能再像从前那样随意撒气。隋广胜一一答应。

两个人的婚姻关系这才开始慢慢好转起来。隋广胜到现在都很庆幸自己当初听了妻子的话。他开始将心比心,静下来和妻子探讨问题的所在,夫妻间的关系相当融洽。在单位呢,他以一种更加谦卑、平和的态度面对领导,他的事业又开始红火起来,领导也越来越器重他。

**点评：**

一个真正的男人是不应该将老婆当成出气筒的，你有你的不得已，而妻子也有她的难处，千万不能将你所受的委屈和伤害全都转嫁到妻子身上。这样，你会极大地伤害妻子柔弱的心灵，也会让你们的婚姻像狂风中的一片树叶，摇摇欲坠。丈夫要记得妻子应该哄，而不应该去伤害。

# 19. 宠爱"甘露"莫成灾

很多情感专家都讲到男人有"犯贱"心理,得不到的葡萄总会认为它是甜的,时刻萦绕心头,实际上这点用在女人身上也是如此。女人渴望得到爱,但男人过度的溺爱往往会让女人产生厌倦心理。于是过来人常这样讲,对女人要"哄"但不要"宠",当然这个"宠"指的是过分的溺爱,而不是一般的疼爱。

张鹏对妻子苏梦蝶那叫一个疼,见过小夫妻俩的人没有不羡慕苏梦蝶的。只要是苏梦蝶喜欢吃的、喜欢穿的、喜欢玩的,张鹏都记在心中,常常买回来哄苏梦蝶开心。无论张鹏工作的时候有多忙,只要苏梦蝶一个电话,他马上就会放下手中所有的工作赶到她的身边陪伴。甚至苏梦蝶一个细微的表情变化,也能让张鹏紧张半天,他一直以为这就是幸福。苏梦蝶是单亲家庭长大的孩子,张鹏对她的怜爱是无以言表的,他总是在尽自己最大的努力去补偿苏梦蝶曾经缺失的父爱。他以为这样两个人的爱情就会天长地久,时间长了,苏梦蝶也会以同样的爱回应自己的。只是张鹏万万没有想到,他一直全身心对待的苏梦蝶竟然会背叛他,投到了一个长相、才气、人品、收入都不及自己的男人的怀抱之中,如此决绝。这让他伤透了心。

那时候,两个人结婚才一年。有一次,张鹏在单位里开发新程序,忙得是一塌糊涂,连续两天都没有休息了。他不知道有多担心苏梦蝶,担心她一个人在家吃不好、穿不暖,也没有人逗她开心。突然手机响了,苏梦蝶很虚弱地说道:"我病了。"张鹏放下手里的工作马上赶回家,虽然苏梦蝶的脸色看起来一切正常,他还是带着不情愿的她去了医院。值班的医生一看到张鹏,马上拉着他问哪里不舒服,张鹏摇了摇头,将一脸不高兴的苏梦蝶推到了医生面前。医生狐疑地看了一下两人,说:"这位小姐没有什么问题啊,先生,我看是你需要看医生。再这样下去,你的身体是会被拖垮的。"张鹏还是坚持让医生为苏梦蝶看病开药,医生无奈之下,就开了一些营养药。

回到家后,苏梦蝶一脸无辜地看着张鹏。张鹏小心地安慰她,然后倒了一杯水,让她吃药,苏梦蝶将头扭到了一边。张鹏轻声软语地接着劝,苏梦蝶一气之下将水杯推到一边。张鹏生气地站了起来,想了想,又忍了下去,继续小声地劝着苏梦蝶吃药。苏梦蝶吼道:"我们分手吧!我有爱的人了!"张鹏疑惑地看着一反常态的妻子,摸了摸妻子的额头:"没发烧啊?你生病了吧!那些人胡说的话你也当真?我都没往心里去。"

苏梦蝶接着说道:"我没有开玩笑,你听说的是真的。他是个五十多岁的退休老人,很矮很丑很穷,但是我就是喜欢他。"张鹏怒了:"我哪里对你不好了,你怎么这样侮辱我!"苏梦蝶冷笑道:"是啊,你对我好,对我太好了,我几乎都喘不过气来了。我又不是你养的宠物,你的爱太多太沉重,我无以负担。你怎么这么没脾气,简直就不像个男人!离婚协议我已经写好了,你就在上面签个字吧!"说完,就扬长而去。

张鹏一个人无力地坐在沙发上,看着苏梦蝶留下的离婚协议书,往日苏梦蝶言笑晏晏的样子时不时浮现在面前,他怎么也想不明白到底是哪里出错了,自己把能给的都毫无保留地给了妻子,妻子怎么会舍弃自己奔向一个又老又风流的人呢?

**点评;**

很多男人深谙女人需要爱的心理,于是投其所好给予妻子宠爱,只是这种宠爱如果过了头,那就会逼得妻子不堪重负地逃离。婚姻生活中,对妻子的爱要适度,要多给甜蜜的爱一点新鲜的空气。

婚姻保鲜红绿灯（丈夫篇）

# 二、夫妻修养

她想要的你,要有高度,值得她去敬仰,你要做一个有梦想有拚搏的男儿。

　　她想要的你,要有温度,值得她去体味,你要做一个有温情有胸怀的丈夫。

　　她想要的你,要有忠诚,值得她去厮守,你要做一个有真情有奉献的伴侣。

　　她想要的你,要有意志,值得她去追逐,你要做一个有目标有毅力的志士。

# 1. "梦想"为爱加分

梦想之于男人,犹如妆容之于女人。有了精致的妆容的修饰,相貌再普通的女子也会一刹那给人一种眼前一亮的感觉;而有了梦想的点缀,男人登时才有了色彩。老婆会因为丈夫的梦想更加关注他、爱他。聪明的男人会用梦想来为自己加分,从而也更好地点缀自己的婚姻、巩固自己的婚姻。

我们在生活中经常会遇到十分不般配的夫妻,但是看上去他们又是那么和谐,桑杰和苏珊就是这样的一对夫妻,走到哪里,都会引来一群人关注的探询的目光。

桑杰很普通,这种普通不止局限于他的身材和长相,而且关涉他的背景和职业。他是一个从农村走出来的打工仔,他甚至没有什么很固定的工作。他不过是初中文化,也没有那么好的口才和交际能力,他做过清洁工、超市的保安,也在一些不大不小的工厂做过送货工。而苏珊呢,她的每一方面拿出来都是一张上好的名片,长相出众,是那种走到人群中可以赚取百分之九十五以上回头率的女孩子。家世更好,父亲在美国经营一家规模很大的投资理财公司。人品和学识更是十分打眼,她是美籍华人,在美国修完了硕士学位,精通汉语、英语、西班牙语等语言,更让人咂舌的是,她还爱好美术和收藏,多次举办了独立的美术展和收藏展。就是这么两个远在天涯的人竟然爱得难舍难分,苏珊还特意为了桑杰留在了中国发展。而两个人的婚姻也没有像起初人们预料的那样,无非出于一时的新鲜,最多也就两三年的工夫就会说拜拜了,而是一坚持就是七年,始终如一,人们甚至很少看到夫妻俩红脸。

好奇的同事问苏珊,苏珊每次都是惊异地看着对方,似乎觉得这个问题来得多么不可思议。"爱就是爱了,还要有什么理由吗?"苏珊吃惊地反问道。同事很仔细地解释了中国的传统思维,她才恍然大悟:"我就是喜欢他唱歌的样子,也佩

服他一直坚持自己的梦想。"

原来桑杰唯一可以拿出来的名片就是他的梦想。他从小就喜欢唱歌跳舞，有着音乐家的梦想，而这种梦想并没有随着现实生活的残酷而终止，反而越来越成为他生存下来的全部寄托。

无论白天在工地上或者在最混乱的地方劳动得再精疲力竭，晚上他都会唱歌跳舞，有时候去酒吧，有时候只是和几个志同道合的朋友在野外或公园，就着昏暗的月光，自娱自乐。一旦有了什么表演、选秀的机会，他总会义无反顾地奔向另外一个陌生的城市，郑州，广州，武汉，上海，北京……一个个城市布满了他的足迹，也留下了他挥汗表演的身影。

追逐梦想的过程是艰辛的，更是危险的，因为他从来不确定自己明天的面包会在哪里……他听到的讽刺和辱骂声远远多过鼓励和表扬，他看到的冷眼远远多过温暖的笑容……可是这一切都没有将他吓退，他就这样一步步地走了过来，也走了下去。

就是在上海的一次选秀节目中，苏珊和桑杰不期而遇。苏珊亲眼见识了桑杰年轻普通的脸上因为梦想而洋溢的光辉，就在那一刹那她爱上了他，自此开始了一段不离不弃的爱情。每次她见到桑杰，总是会从他的眼睛里、他的脸上，看到梦想开花的样子，而这一切吸引她不断地追随他、陪伴他，也维系了两个人多年如一日的婚姻。直到现在，她都没有后悔过自己当初的选择。

其实桑杰还是那么普通的桑杰，还是没有成为一个伟大的人，一个出了名的音乐家，但这一切都不重要，因为他始终是苏珊的丈夫。难道不是吗？梦想维系着桑杰的魅力，也维系着两个人的婚姻。

**点评：**

很多丈夫都会在婚后以及生活的打磨中忘记了自己当初的梦想，殊不知当初也许只是因为他的梦想让他的妻爱上了他，而这梦想也会在接下去的岁月里不断地修饰着、维系着他们彼此的婚姻承诺。有梦想的男人最性感，也最容易让女人更加欣赏、更加爱慕，从而也让婚姻更加牢固、更加美好。为了你爱的她，多给自己的梦想打开一扇窗户吧！

# 2. 有一种"魅力"叫拼搏

男人可以没有多么宏伟巨大的事业,但一定要有为了事业而努力工作、奋力拼搏的精神状态。科学研究表明,认真工作的男人最有魅力,也最容易赢得女人的爱。

老孙大名孙胡邦,之所以叫他"老孙",是因为他的憨厚老实,这个绰号在学生时代就已盛行。老孙是 2002 年毕业的重点大学的大学生,本身是学经济的,在那个年代,他们还是能享受包分配的,以他的水平,完全可以去省直机关做一个公务员,现在也会成为一个处级干部了;要不然也可以利用自己的所学下海,到现在,也能成为一个有名有利有地位的商人。可这一切都不是老孙现在的样子,老孙只不过是一个中学老师,整天和一群孩子头打交道。

每次同学聚会,老孙都是穿着最土的那一位,也是唯一一个没有座驾的人。他的那一批同学要么入仕为官,现在都有人坐到市委副书记的位置了,最不济的也已经是办公室的主任了;要么生意发达,红光满面的脸上写满着富贵;当老师的,也都去了大学,现在也已经跻身副教授一列了。而老孙呢,不过普普通通中学数学老师一个。大家都是多年的朋友,每次都在奉劝着老孙跟着他们干,每次老孙只是笑而不语,大家也就失去了劝说他的兴趣,只是避开老孙的老婆嘲笑他:"哥们,你如此,都不怕嫂子责骂你。"

这样的聚会周而复始,逐渐地,最不起眼的老孙却成了最闪耀的那位,无论男女都会盯着看,似乎可以看出什么名堂来,因为老孙和老婆恩爱如初,似乎时间的流逝没有给他们的爱情带来任何的影响。老孙仍旧会细心地为老婆择菜,老婆稍微皱一下眉头,他马上就知道她是要喝水还是嫌冷了。而老婆同样也如此细心,两个人在别人不注意的时候还会相视一笑,偶尔还低语几句。这种状态在开始聚

会的时候,大多数的夫妻都会如此,渐渐地,则是各说各话,甚至还有同学的身边人也不知换了多少。

老孙的老婆被问及两人怎么一如既往地恩爱的时候,总是笑着说:"他还是他原来的那个样子,我为什么要改变。"当被旁敲侧击问到老孙这么无大的成就,她怎么也就忍受了下来时,她只是笑了笑,这些人只是看到了表面,哪里知道老孙的好处。她不是没有挣扎过犹豫过,也鼓励着丈夫进行改变,几次下来,发现丈夫压根就不是经商当官的料子,也就作罢,而自己对老孙的感情却越来越深沉。老孙对他的工作是如此上心,虽然教书教了这么多年,备课却依旧一丝不苟,似乎每次都在讲述新知识。对学生更是如此,那是从心眼里喜欢,他事无巨细地关心学生的学习生活,他的时间除了给家人外,也就是给了那群孩子。更让她震撼的是,老孙并非就那么局限于上好自己的课,他还积极提高业务水平,多次参加了技能比赛,也获得了不少的奖项。他的学校多次提拔他去当教导主任,都被他婉拒了,他还是只爱教学。

可是这一切又怎么能跟他的那群同学说呢!老孙的老婆摇了摇头。那些人是有名有利,不过他们也就局限于自己的现在,局限于他们可以再赚多少的钱,再做多大的官。他们不再是为工作而努力拼搏,而是为工作外的金钱、地位、欲望而工作,这样的他们又怎么会爱自己的老婆呢。爱老婆当然就是要以爱工作的状态来爱她,你有多么认真对待自己的工作,也就有多么认真地对待自己的老婆;多么为工作而拼搏,也就有多大多少的心思放在了老婆身上。老孙的老婆笑了笑,只有老孙最懂女人的心思。

**点评:**

女人的要求并不高,她只是想要老公爱她,而爱的表现之一是老公多爱自己的工作。因为只有对自己的工作十分上心,为工作而拼搏的人,才会以同样的态度去对待自己的老婆。所以,男人们,为了婚姻,努力工作,努力奋斗吧!

# 3. 大丈夫莫装 "嫩娃娃"

以前的男人总是喜欢装成熟装冷酷,而如今的男人却一天天喜欢装起孩子来。男人偶尔的幼稚可以赢来老婆妈妈般的关怀,而过度的孩子气则会增加婚姻的负担。如果丈夫一直就这么幼稚下去必然会给女人制造很大的压力,也对自己的婚姻制造了压力。如果这种幼稚是本来就有的,那就更是要注意了,小心你的幼稚毁了两个人多年的爱情和婚姻。

徐语嫣今年 24 岁,她老公石胜才 31 岁。当年两个人结婚,就是因为语嫣觉得小石比她大 7 岁,懂得心疼女人,所以才义无反顾地嫁给了他。到如今,两人结婚才一年多,语嫣就动了离婚的念头。

小石在外面还是很像个成熟男人的,为人处世彬彬有礼、极有分寸,可是一到家中,就变成另外一种模样,喜欢搞怪,撒娇,喜欢将语嫣当成他的妈妈。如果你忽略掉他的年龄和长相,你真的会以为这是一个少不更事的孩子。

语嫣在厨房做饭,他总是会突然地冲进去,抱着她的腰或腿,撒娇地询问吃什么;吃饭的时候一定要语嫣捡菜给他,或者喂到口中去,不然就嘟着嘴,拒绝吃饭;有时候语嫣正在书房看书,他会很急切地跑过来,拉着语嫣坐在电脑旁边,而每次他都在电脑椅子上暗藏玄机,有时候放几颗糖,有时候放一束花什么的捉弄语嫣;在外面工作得不顺心了,小石回来后就找语嫣抱怨,而且越说越气。诸如此类的行为层出不穷。

起初,语嫣还是很喜欢的,觉得很有新奇感,难得碰到一个让她当 "妈妈" 的人,而且他撒娇、他依赖也无非就是他信任她、喜欢她。有一次,小石竟然还为她绣了一副十字绣的手机挂饰,虽然针脚粗糙,语嫣的心还是很温暖了一阵子的。但是时间越长,她就越来越明白,他的幼稚不是装出来让她开心的,而是他本来就

*funyinbaoxianhonglüdeng(zhangfupian)*

是如此的幼稚,语嫣的心慢慢地倦怠起来。

回到家,看到他像小狗一样谄媚的样子,爬着挪到她的身边,抱着她的腿喊着:"妈妈,妈妈,你回来了啊!"她都有一种想将他一脚踢走的冲动。他撒娇的语调、妩媚的神态,都让她忍不住恶心。在他抱怨工作麻烦的时候更是让她难以忍受,在语嫣还没有来得及帮他分析形势的时候,他就已经忍不住地怨天怨地起来,怨恨周围人、命运都待他不公,殊不知他的老婆也是有很多不顺心的事。而且两个人吵架,他从来不会让着语嫣,总是在自己没理的时候撒起娇来,直到掌握主动权为止。语嫣被气哭了,生气地埋怨丈夫,而他从来不会哄,甚至将她扔在马路边,一个人跑回家。有一次两个人吵架吵得很是厉害,他竟然一气之下离家出走,四天之后才回来。

语嫣觉得两个人相处起来心很疲倦,而婚姻也无丝毫情趣可言,她似乎不是嫁了一个男人,而是"收养"了一个未成年的孩子,除了照顾吃喝拉撒外,还要照料他的心情。她指责过几次他的幼稚,都被他巧妙地转移了话题。

语嫣忍不住,终于提出了分手。而小石呢,只是以为她在开玩笑,两个人分开的日子,他还是会不停地打电话嘀嘀咕咕,诉说着自己的思念和众多的破事,却不知语嫣已经慢慢坚定了与他分手的决心。

**点评:**

一个女人想嫁给一个男人,也无非是嫁给自己的安全感。她渴望找到一个顶天立地的男人,如若不然,也一定要是一个可以在需要的时候保护她、爱护她的人,不能让她过分地操心劳累。一个尽责的丈夫一定要脱离幼稚,承担起你做丈夫的职责,和老婆的关系更要像是平级的互相爱护、共同前行,而不是藏在老婆的羽翼之下,亦步亦趋,不愿意迎接人生的风风雨雨。

# 4."一诺千金"莫失信

从古至今,对于诚信之人,人们总是不遗余力地去赞扬。其实在婚姻生活中,诚信也同样发挥着十分重要的作用。女人都喜欢承诺,更喜欢那些给了承诺又能一一实现的男人。承诺对于女人来说是精神食粮,给了承诺的男人如果不去实现,必然会给女人的心灵带来极大的伤害,让妻子对自己丧失了信心,从而不利于自己婚姻的牢固。

挣扎了三年,林雪毅然决然地离开了王培,令周围的人大吃一惊。王培长得一表人才,待人接物也是彬彬有礼的,而且他还是一位很有名的证券投资分析师,收入颇丰。林雪呢,虽然条件也不差,只是将要奔三的女人,再美也是明日黄花了,输不起。可是林雪却不后悔,她说我要再和他在一起那才叫输不起、等不起。

林雪和王培的爱情很像童话故事,干净纯粹,无大的波澜。两个人自然而然地相知相恋,婚姻也是水到渠成的结果。只是渐渐地,林雪的心里有了别的想法。不是三年之痒,不是相看两厌,只是王培对承诺的态度总是让林雪很无语,也让她渐渐地对王培失去了信心。

本来也就是生活中鸡毛蒜皮的小事,无关国家大事无关社会民生,却影响了两个人甜蜜的爱情。王培也知道林雪喜欢听好话,喜欢被哄,他也会常常对妻子说着天长地久的情话,只是他的行动却常常引来林雪的不满。

有一次,王培出差,临走前答应林雪到了就打电话报平安。结果,林雪左等右等,没有电话,打过去,王培悠然回道:"我在陪客户打牌,不要打电话了。刚才我忘了,我已经到了很久了。"林雪顾及他的面子,就忍了下来。王培晚上又打电话过来:"亲爱的,别生气,我回去给你带这里最有名的米酒。"林雪一听乐了:"你说的,千万别忘记。"林雪等啊等,终于等到王培的归期。一见到王培,她马上伸

出手来："我的礼物呢？"王培一拍脑门："忘了。我只是随口说说哄你开心！"林雪气结："这都是第几次你骗我了啊！你怎么可以这样过分呢？"王培嘿嘿地笑了："我都是你的了，你还有什么不满足的呢？不就是礼物嘛！给，卡给你，你随便买。"林雪"啪"打掉王培手中的卡，扭身进了卧室，将门反锁。第二天，王培低声下气地哄了很久，林雪的脸上才雨过天晴。这样的事情经常在两个人生活中上演，林雪每次都会因为王培的"言而无信"而喋喋不休，而王培每次也很是辛苦地去哄，两个人都觉得很疲惫。矛盾在一次次的疲惫中逐渐激化。

那时，林雪的母亲病重，来电话让女儿尽快赶回去见最后一面。王培不放心妻子一个人走，早上出门的时候说我去安排一下工作，最多十点就能赶回来送你回家。林雪点了点头，在家里收拾东西，等着丈夫回来开车送自己。十点过去了，丈夫没有影子，林雪想着应该被什么事情耽搁了吧；十一点、十二点 …… 时钟不紧不慢地走着，林雪的心慢慢冷了下来。她决定不等了，也不打电话给王培，独自一人坐上回家的班车。那天，林雪没有赶上见母亲最后一眼，就在她踏入家门的前十分钟，母亲用完了最后一丝的力气叫了声"雪儿"就再也没有醒过来。林雪扑到母亲身上嚎啕大哭，面对大哥的指责，她一句话也没有说。那天晚上很晚，王培才赶了过来，小心翼翼地陪着不是，林雪冷着一张脸，什么也没说。

母亲的丧事一过，林雪就签了离婚协议书。王培百般挽留，不停地道歉，说自己那天真的是情有可原，突然有一个客户来办业务，这关系到他们交易所的生计问题。林雪冷笑道："那你干吗要答应我？每次都是你对，那我呢？我是什么？"王培无言以对："承诺有那么重要吗？你喜欢听，我当然要讲了。"林雪很是伤心："原来你平时的甜言蜜语都是在敷衍我，算了，我不和你吵了，都吵了三年了，我们好聚好散。"说完，林雪就离开了，留下王培独自一人暗自神伤。

**点评：**

粗心的丈夫总是会忽略妻子的记忆力，其实女人很容易对男人的话尤其是承诺念念不忘。男人一旦承诺了而不实现，必然会给女人带来很大的伤害，让女人逐渐丧失对丈夫的信心，从而不利于婚姻的长久持续发展。

# 5. 一份幽默一份情

男人不逗,女人不爱,妻子总是渴望自己的丈夫有着良好的幽默感,希望自己的婚姻总是充满欢声笑语。良好的幽默感是婚姻最好的润滑剂,它既出自男人自身的修炼,更来源于丈夫对妻子深深的爱。

许多多是一位漂亮的云南姑娘,当年柔弱的她义无反顾地和丈夫孙小帅"私奔"了。朋友家人无不大叫可惜,孙小帅其貌不扬不说,家里的条件更不是一般的差,他和父母挤在一套四十几平方的老房子里。而许多多呢,家境富裕,人又长得水灵灵的。当年她的私奔让父母大为光火,父亲更是一下子断了她的经济来源,他要逼迫着自己的宝贝女儿主动回头。只是父亲万万没有想到,许多多远比他想象中的倔强,两年过去了,许多多压根就没有低头的趋势。爱女心切的父亲实在放不下女儿,就特意嘱咐女儿的闺蜜前去一探虚实。

冷晴是和许多多一起长大的好姐妹,她也很久没有看到多多了,十分想念,就同意了多多父亲的请求,好好地过了一把"私家侦探"的瘾。

第一眼看到孙小帅,冷晴心里着实为多多不值,两个人看起来多不搭啊:男的长得黑不溜秋,还瘦巴巴的,五官也不出众;而女的简直就是天仙一般。出于礼貌,她含蓄地问好:"多多,越来越漂亮了。这就是孙小帅吧? 久仰大名。今日一见,果然名不虚传。"多多看着闺蜜,很开心,孙小帅走上前来:"百闻不如一见,你和多多一样不是人 —— 是仙女,久仰久仰。"孙小帅故意拉长了音调,冷晴的脸色也是由怒到喜,笑着说:"你说话不是一般的逗,佩服佩服。"孙小帅拱了拱手:"过奖过奖。"活脱脱一个酸秀才。多多在一旁早就笑得捂着肚子说不出话来:"你,你们俩别逗我乐了。小帅,还不快帮晴晴拿行李。"孙小帅痛快地应道:"得令,两位姑娘,请随我来。"多多哈哈大笑,冷晴也不禁莞尔,她脑袋里突然一亮,有点明白什么了。

回到家后，多多兴奋地拉着冷晴在小小的蜗居里逛来逛去，不停地讲着这些东西都是怎么来的。而孙小帅一回到家，马上扎起围裙就要往厨房里钻。多多拦住了："我也要让晴晴尝尝我的手艺。"小帅笑呵呵地说："好的，请大厨归位，我啊，就当个小工吧，公主请。"多多迈着骄傲的步伐走进了厨房："小帅子，快跟上来。""喳——"孙小帅猫着腰进了厨房，冷晴不禁也笑了起来。

许多多在厨房里不停地和孙小帅捣着乱，孙小帅一点也不生气，总是拍拍妻子的小脑袋："调皮！"终于，许多多在孙小帅的指导下，兴冲冲地做出了一盘鸡蛋饼，只是已经面目全非。看着那么两大坨黑乎乎的东西，许多多一脸挫败，她很不好意思地看着丈夫："老公，我又搞砸了。"孙小帅乐呵呵地说："哪里有，这不是摆明一幅泼墨山水画嘛。你看，'两岸青山相对出'，多写意啊！别人穷其一生也不能成就这么一幅画，而老婆轻描淡写就大功告成了！老婆，你老有才了，我顶崇拜你了！"说着还刮了许多多小鼻子一下。许多多的不快情绪一扫而光："你还真以为自己是小沈阳啊！臭美吧你！"趁着丈夫不留意，许多多将黑黑的糊鸡蛋涂在了丈夫的脸上："大熊，大熊。"那是她为丈夫取的绰号。孙小帅笑眯眯的，突然将黑乎乎的手指在妻子脸上画了两笔："这才是名副其实的小花猫。"夫妻俩在小小的厨房打闹着，房间里处处洋溢着温情。看到这一幕，冷晴感到很温暖，这才是真正夫妻最好的状态，她很为自己的闺蜜找到一个如此爱她逗她乐的丈夫而高兴。虽然他们物质上还不富足，但精神层面，相信没有什么人可以企及。她知道自己如何向多多的父亲交代了。

回到云南后，冷晴如实告知了多多的父亲，年过半百的父亲眼睛湿润了，他很为女儿自豪，找到了如此一个让生活充满欢笑的丈夫，这是多少夫妻一辈子都想得到的幸福，而自己的女儿却从那么貌不惊人的小伙子那里得到了，他很欣慰。而多多呢，也因为父亲的理解和接纳，婚姻生活过得更好，她和丈夫始终坚信，他们会将幽默的婚姻生活持续到齿摇发落。

**点评：**

良好的婚姻状态离不开幽默的调剂，聪明的丈夫应该善于利用小小的幽默感为自己的婚姻生活增添欢乐,增加色彩。你的幽默一定会让你在妻子眼中更加有魅力,也更让妻子离不开看你的视线,而你们的婚姻也会因为幽默感的联系而越来越好、永葆青春。

# 6.劝君嘴上积点德

　　女人,即使长相再普通、能力再一般,她也都会有自己的骄傲,而男人呢? 有的也许只是因为嘴巴比较碎,或者仅仅是口无遮拦,总是会有心无心地说一些伤害女人自尊的话,尤其是婚姻中的男女。这些话的分量可不轻,会影响你们的婚姻质量,甚至会拆散百年难修的夫妻情缘。

　　李铮铮和王威是高中同学,后来又进了同一所大学,一个学美术,一个学物理。王威对李铮铮一往情深,他从高一第一次看到李铮铮就发誓这辈子非她不娶,奈何郎有情妾无意,李铮铮只是将王威当成了自己的哥们。

　　大学时期的李铮铮明艳动人,明眸善睐,别人只要看一眼,就再也转不开视线。偏偏情窦初开的她爱上了一个英俊多金的有妇之夫,其悲剧性可想而知。她为那个男人付出了自己的一切,用心去对待去呵护这段感情,奈何自己编织的幻境被一个中年女人的一记耳光彻底击碎。身心疲惫的李铮铮在失望透顶的那一刻看到了对自己不离不弃、一直守护身旁的王威,就在那一刻,她有了安定下来的念头。而王威呢,知道了她的一切,伤心难过,仍旧对她抱着炽烈的感情,两个人自然而然地走到了一起。毕业后,李铮铮进了一家不大不小的广告公司做美术总监,而王威凭借自己的努力也成为了一所重点高中的物理老师。小夫妻俩在父母的帮助下买了房买了车,小日子过得有滋有味。李铮铮本来以为两个人就可以这样过完一辈子,她也已经将自己的过往全部忘掉,全身心地接纳了王威。奈何造化弄人,她觉得自己越来越没有坚持下去的勇气了。

　　王威的嘴巴有点碎,喜欢唠叨,李铮铮起初并没有觉得这有什么不好,反而想着男人爱说话,还便于两个人交流。可就是王威的多嘴坏了两个人好好的婚姻。

　　李铮铮人长得太漂亮了,所以大家先关注的是她的美貌,其次才是她的工作能力,她常在工作中被当成花瓶,这也是极为让她大生光火的事情。

有一次,她垂头丧气地回到家。王威一看,马上迎了上来:"宝贝,怎么了,谁给你脸色看了?"李铮铮难过地说:"我忙了两三天才设计出一套作品,今天兴冲冲地拿去给老板看,他竟然认为我是找人帮着做的,他觉得我的能力做不出这样的方案来。我气不过,和他吵,他竟然说当初让我进公司就是觉得我像花瓶,摆着好看。气死我了。"王威笑了笑:"干吗和这种人过不去呢!可能是你平时就没有和老板搞好关系吧!你也要注意收敛一下情绪了,这么容易就被老板挑起怒火,对你工作怎么好啊!也不是我说你,有时候你真的太容易生气了。"李铮铮听着话有些刺耳,就有点不高兴:"我哪里容易生气了,我还不是被他给激怒了嘛!什么人嘛,我是他员工又不是他宠物,干吗这么污辱我!还有你,你不替我说话就算了,还贬低我。"王威也憋不住了:"你说你,矛头怎么转到我这里了。我怎么说话不对了?你就是不会办事,不会做人嘛!不然领导不找别人的茬儿,单单就挑你的刺!""王威,你太混蛋了!没见过男人像你这样啰嗦的,还将老婆往坏处说。"李铮铮怒吼道,生气地把水果扔到了地上,起身就往卧室走。王威也站起来:"说着说着你就火了,我当初怎么没有看出你这点怪脾气呢!前人说得真好,美女就是麻烦,脾气大。"李铮铮生气地拍了他一巴掌:"现在后悔就晚了!越说越浑了你!"谁知道王威接着絮絮叨叨:"你说当初我怎么鬼迷心窍看上了你啊!当年也有那么多人喜欢我的,我偏偏看上了从不将我放在眼里的你!又爱花钱,又不做家务,脾气还这么大。我好奇当初你的第一个男朋友怎么会愿意为了你放弃他的家庭呢……"话没说完,李铮铮脸色发白,给了他一耳光,哭着跑了出去。

后来两个人还是和好了,只是夫妻俩的感情再也没有起初的融洽,总是疙疙瘩瘩的,稍微一争吵,旧账就又翻了出来。王威也讨厌起自己的嘴巴来,他还是很爱李铮铮的。而李铮铮呢,也渐渐对丈夫寒了心,她不再相信丈夫所说的不介意她的过去的鬼话,她觉得那是他不想放弃男人的骄傲才娶了她。

**点评:**

丈夫有时候会说些不经过大脑的话,还以为是"童言无忌",殊不知这样的话还是会进到女人的耳朵里、心中去,打击了妻子的自尊心,也破坏了她对你的浓情

蜜意。尤其是翻旧账，更是会带给妻子很大的羞辱，从而败坏了本来可以维持下去的婚姻。既然当年已接受，今天何必说反悔！将心比心，你不喜欢被人胡乱地评论，妻子当然也是如此，作为丈夫，要管好自己的嘴巴，不要一不留神溜出什么让自己后悔的话来。

# 7. 家丑不可外扬

　　大多男人都爱面子,但总有那么一些男人会有意无意地将家里不足为外人道的事儿透露给了外人,如果再传到妻子的耳朵里,那将极大地伤害到妻子的自尊,也不利于婚姻关系的维持。也许那些并不一定是丑事,只是家里的事儿还是家里解决才好,不要让自己成了别人的看点。

　　甄如玉人如其名,长得如花似玉,又有着祖传的酿制香油的方子,在小镇上开了一家远近有名的香油作坊,被人称为"香油西施"。她和贾佳城是经亲戚介绍而认识的,一见面她就看上了贾佳城。他很年轻,却经营着一家颇有名气的小饭店,人也长得很帅,斯斯文文的,很像个读书人。甄如玉深悔当年没有好好读书,只上到初中,而贾佳城呢,虽然也只是个中专生,在她眼里仿佛有着天大的学问。贾佳城对甄如玉谈不上喜欢,但看着也不讨厌,两个人就这么相处着。

　　大概有大半年的样子,甄如玉一脸忧愁地找到贾佳城:"我怀孕了,该怎么办?"贾佳城也慌了神,带着几分不情愿,和甄如玉结了婚。婚后,因为禽流感的影响,贾佳城的餐厅经营大受影响。而他和甄如玉的关系也没有想象中的那么好。相处一久,两个人之间的矛盾渐渐暴露出来。贾佳城嫌弃甄如玉的谈吐、穿着,而甄如玉呢,渐渐发现丈夫的嘴巴比较碎,有点婆婆妈妈的,尤其让她生气的是丈夫在外面到处乱说她。

　　有一天,甄如玉从自己的香油作坊回家。路过楼道,几个大妈大婶本来正在兴高采烈地讲着什么,一看到她马上就不讲了,而且一脸奇怪地看着她。甄如玉很是纳闷,也没多想,向众街坊打了一下招呼,转身就往楼上走。张大婶喊了她一声:"如玉,你来帮我看一下鞋样。"甄如玉觉得奇怪,她从来不会做鞋子啊,她还是跟着张大婶进了里屋。

63

一关上门，张大婶就神经兮兮地说："你让贾佳城在外面说什么啊，败坏你的名声，就算你已经结婚了，也不能这么宣扬吧，咱们这里还是很保守的。"甄如玉丈二和尚摸不到头脑："我不明白你在说什么啊？""不会吧？你结婚不久就生了孩子，我们都知道怎么回事。你别怪我多嘴啊，贾佳城直接说你要不是未婚先孕他不会和你结婚的，你怎么都不管管啊！"张大婶憋不住全吐了出来。甄如玉怎么也不明白丈夫碎嘴都碎到外面去了，她的肺都快气炸了，直接回家找丈夫算账。

一进门，甄如玉就看到丈夫洋洋得意地躺在沙发上。她三步并作两步地冲到丈夫跟前，生气地将丈夫拉起来："贾佳城，你给我起来。你在外面到底乱说了什么？"贾佳城很生气："我说你这女人，有没有素养啊，一进门就大呼小叫什么啊！"甄如玉更是生气："是我没素养还是你没素养啊。如果不是你，我肚子怎么会变大啊！你以为我愿意未婚先孕啊！你倒好，大言不惭地在外面乱说什么啊！"贾佳城不以为然："我说的不是真的吗？也就是和几个街坊邻居无意中说了出来而已，又不是故意的，你至于这样子啊！""你有没有羞耻心啊，这种事在我们这里很光彩吗？我到现在都不好意思回娘家，你倒好，那群人舌头不知道有多长，要不多久就会传到我爸妈那里，我们怎么好意思回娘家！"甄如玉生气地用手点着丈夫的额头。贾佳城不高兴地挪开了脑袋："搞不懂你！说了又能怎样，火气这么大干吗！"甄如玉觉得丈夫简直不可理喻，生气地回了娘家。

贾佳城后来还是将妻子接了回来，受了岳母一家人好一顿奚落，而他自己也发现了嘴巴闯的祸。那群听他抱怨自己婚姻的人非但没有同情他，反而一看到他就指指点点的。那些来餐厅吃饭的食客也不知道从什么途径知道了贾佳城的这些事，更是每次一见到他就不怀好意地笑他。两个人的婚姻原来还是小吵小闹，现在干脆就撕破脸皮地吵闹，贾佳城身心疲惫，生活别提有多窘迫了。

**点评：**

既然说是家丑，那就在家的范围内彼此知道就可以了，何必拿到外面到处乱讲呢！那样不但不能得到同情，反而得到更多的嘲笑。两个人的婚姻变成了别人的笑柄，伤害了彼此，也伤害了本来可以团团圆圆的婚姻。丈夫啊，还是学会忍耐一点吧，管好自己的嘴巴，也就维持好了你好男人的形象，牢固了你的婚姻。

# 8. 去掉"假面具"，真情换大爱

如果说女人因为可爱而美丽，那么男人则是因为真实而"可爱"。妻子需要的丈夫是天，可以遮风挡雨，更是真实的人，会哭会笑会软弱。女人不需要的是那些始终如神一样完美无缺、高高站立的人，那样的人就算再优秀也如画中人书中人一样，总是给人一种很不真实很不安全的感觉。而且很多女人都有当母亲的愿望，她也希望偶尔可以给自己的男人一个温暖的怀抱。

李振华无论是在妻子夏真真还是在周围人的眼中，都是一个完美无缺的男人。他戴着一副金边眼镜，显得很有涵养，长得也是一表人才。他还是本市一家知名律师行的挂牌律师，处理了不少棘手的案件，在业内也是鼎鼎有名的。更难得的是无论你什么时候见到李振华，他都是一脸淡然，鲜少有发怒难过的时候。当年夏真真一见到李振华，她眼前马上浮现出一幅白马少年的画面，她觉得那就是她想要的男人，高大完美有安全感。婚后，李振华给了夏真真一个女人梦想得到的一切，宠爱、富足、安定，只是夏真真总觉得两个人的生活中少了一点什么，她总觉得每天和自己朝夕相对的似乎不是丈夫，而是一座雕像，冷冷冰冰。一开始，真真觉得那是一个真正男人应该做的，渐渐地丝丝厌倦不时涌上她的心头。

在外面掩饰自己的情绪没什么不好的，在家里，真真却希望丈夫可以和自己一样，会依赖会生气。忙了一天的李振华回到家，脸上无丝毫的倦色。真真热心地迎上去，帮他换衣换鞋，他一脸温柔；吃过饭，两个人开始闲聊，内容每次都是不痛不痒的，真真问及他的工作，他除了会说"好"别的一句话都不愿意多讲，真真喋喋不休地讲自己一天的琐事，故意说自己对什么人有意见，心里只想着让丈夫给自己一个建议或一个立场，而振华从来都不批评也不认可，总是微笑地听着，偶尔"嗯，啊"两声，被真真逼问急了，他也就是说"当然老婆最有理"。真真很不满意这样过于礼貌的气氛，她每天都在盘算着怎么样去激怒这个丈夫，可每次都不能如愿。

　　有一天，真真从朋友那里听说振华被一个对手当众羞辱，还被打了一拳。真真很是担心丈夫，想着等他回来要好好安慰一番。她细心地准备了几样拿手好菜，将客厅的灯光调到了最柔和的角度，心里不知道组织了多少次安慰的话语。振华回来了，他看起来有点累，真真关切地迎了上来："快洗洗手吃饭吧！"她心想这次终于轮到我出马了。他只是嗯了一声，如平常一样坐下来吃饭。饭后照旧是两个人闲聊的时间。真真依偎在丈夫身边，温柔地说："我给你讲个故事吧！"然后，她就讲了自己挑选了许久的和丈夫遭遇极为类似的一个被辱男人如何成才的故事。振华听完故事，还是笑微微的。真真有一种挫败感，她本来只是想引导丈夫将委屈说出来，她接着说："你真的不想和我说点什么吗？比如你今天遇到的变态的人。"振华脸色稍微一变，马上如常："真的没什么。要没什么别的事我先去书房了。"真真有点生气，想着平时你装神仙也就罢了，现在受了这么大的委屈却依旧憋在心中，会憋坏身子的，她很担心，就急了起来："李振华，我告诉你，你不要真以为自己很强大，我知道你今天的事，你说出来好不好，说出来就不会闷在心里生出病来了。"振华仍旧没有发火，说了句"真是不可理喻"就要走。真真扑了上去，她本来只是想要抱住他，结果长长的指甲刮伤了振华的脸，振华摸了摸自己的脸，说："我去处理伤口了。你的指甲要剪了，这么长刮到别人就不好了。"真真哭笑不得，干脆撒泼坐在地上："你到底是不是人啊！你除了平静，除了会笑，别的什么都不会啊！"振华瞟了妻子一眼："搞不明白你脑袋里装的是什么！我没关系，那些事情我都会处理很好的，你只要开心地做我老婆就可以了。"真真顿时无语。

　　自从那次大闹之后，真真再也没有心情和振华过日子，她总是找着各种借口晚回家，减少和丈夫碰面的机会。而振华也很苦恼，他怎么也不明白家怎么变成了如今冷冰冰的模样，而妻子干吗老是躲着自己。只是真真心里清楚，这个丈夫完美到了"虚伪"的程度，让她觉得婚姻无丝毫趣味可言。

**点评:**

很多男人认为做丈夫就应该时刻保持坚强的面孔,将所有的不愉快都挡在外面,不让女人担心、操心,而实际上女人却更希望自己的丈夫真实一点,男人偶尔流露出伤心脆弱的情绪,势必会引起妻子的丝丝怜爱,也为两人的婚姻增添光彩。聪明的男人,给你的妻子一个抱抱你、哄哄你的机会吧!

# 9. "老子主义" 不可取

冯刚和韩雪曾经是同事，在一家装饰公司做设计师。工作中的合作和互相帮助，让他们渐渐黏在了一起，很快组建了幸福的小家。韩雪生下儿子后，一直在家里忙碌着。等儿子上了幼儿园，韩雪天天盼着返回岗位，领导也支持她这一想法，可老公呢？偏偏不认同她的选择，每每提及此事，冯刚就会生硬地阻拦道："如果你不想把这个家拆散了，你就给我规规矩矩地待在家里，不要吃饱了撑得，没事找事！"

作为一个现代女性，韩雪觉得不应该与社会脱节，她也不想丢掉自己的专业，就这样，她跟老公产生了分歧。可是冯刚固执己见，寸步不让，弄得韩雪心里很纠结。

一次，韩雪去参加了一个"家装展"回家晚了，老公坐在沙发上看着报纸，见韩雪还不做饭，一脸乌云。韩雪心有愧疚，急忙系上围裙，一头扎进了厨房里。很快，一盘西红柿炒鸡蛋和一盘炒米饭就端上了饭桌，她面带歉意地对老公说："今晚就凑合着吃吧！"没想到，冯刚发现菜少，拿起筷子往桌上一扔，没好气地说："我在外面辛苦了一天，你就这样敷衍我，一天到晚，正经事不干，到处瞎逛！"饭也没吃，他起身出去了。韩雪呆呆地坐在桌前，一口饭也吃不下，心境就像遭遇了寒流，眼泪扑簌簌地掉了下来。

过了些天，韩雪想跟老公谈谈自己的工作打算，可她话刚出口，冯刚的脸色就不好看了，他不耐烦地说道："我知道你要说什么，但你那些话我没工夫听。"说话间，他换下了一堆衣服，扔在了床上，韩雪让他顺便放进洗衣机里，他两眼一瞪，满脸不屑地说："我什么都干，要你干啥？"

冯刚不但在家里不把老婆看在眼里，在外面，照样对韩雪吆三喝四，不给她面子。

　　韩雪母亲过生日,冯刚一家三口前去祝寿。到了酒店,冯刚屁股一落,就开始指挥开了韩雪,一会儿让她倒酒,一会儿让她端菜,她还没吃口热菜,他又吩咐韩雪去照料孩子,韩雪脸上虽然没有表现出不悦,心里却失落落的。因为当着的都是"娘家人",丈夫这样,也太过火了,使得她颜面扫地。

　　不久,家里添置了新车,韩雪为了接送孩子方便,到驾校报了名,学习驾驶技术。这天傍晚,冯刚回家后阴着脸,对韩雪说:"你好好在家照料孩子就行了,不要想三想四的了。"韩雪问怎么了,冯刚愤愤地说:"你说怎么了,没跟我商议,就去偷偷学车,难道你不清楚? 如今交通事故那么多,你不怕,我还担心孩子呢。"韩雪辩解道:"你不能这样想呀,这车是咱们的公共财产,我也有使用权啊!"一语激起了冯刚的怒气,他摊牌道:"实话告诉你吧,我已经找人把你驾校的报名费退回来了,你就老老实实在家待着吧。在咱这个家里,你就得听我的!"

　　面对霸道的老公,作为一个受过高等教育的独立女性,韩雪不得不重新思考自己的婚姻……

　　**点评:**

　　荷尔蒙的使然,男人喜欢独立和刚强,但在追求女性自由和解放的新时代,做丈夫的依然抱着"大男子主义"的陈腐思想不放,必将给女性造成不可承受的压力,导致婚姻的失败。夫妻,是平等的伴侣,在处理家庭关系上,大事小事应当商量着来,互相尊重,互相敬爱,不可搞"一言堂",更不可行"霸王事",也只有这样,才会牢固和谐美满的婚姻关系。

# 10. 妻子面前"眼莫花"

　　占有欲强不止是男人的专利，女人同样如此。所有的女人都幻想自己所爱的丈夫眼中只有自己一个人。奈何大多数男人都是有着风流潜质，梦想着要征服世界，也要征服天下所有的美女们。于是女人的霸道和男人的不专情构成了一对永恒的矛盾，成就了痴男怨女们喋喋不休的爱情故事。而良好的婚姻关系离不开夫妻双方的专一，身为丈夫，要尽量眼中心中只放妻子一人，路边的野花再美也不要去采摘，这样你们的婚姻才会顺顺畅畅、伴你终老。

　　无论什么人见到印小甜和石涛站在一起，都会感叹这真是一对璧人、天造地设。印小甜主修声乐，声音甜美细腻，人更是长得天妒人恨，眉如小山，眼如明镜，举手投足间更是如一位遗世而独立的仙子，翩然生姿。石涛呢，也是一表人才，一副电影明星的面孔，一个健美运动员的身材，无论正面侧面看来都是完美无缺的。两个人是在一次拍卖会上认识的，当时印小甜大学还未毕业，兼职在一家拍卖行当主持。而石涛呢，从来对古董没有什么兴趣，那次只是机缘巧合，听说有一幅晋代的美女图要出售，他好奇古代美女的长相，鬼使神差地就跑去凑了热闹。这一去，美女图没有抢到，却瞄到了一个真人宝贝。他对印小甜一见钟情，而小甜一向高傲矜持，对他没什么反应。

　　石涛一下子被激起了兴致，他想自己好歹也是一个成功的儒商啊，长得也相当对得起观众，追求者如云，怎么会有人对他如此有抗体呢？他铁了心地要抱得美人归，就费了极大的气力才将印小甜追到了手。

　　婚后两个人的生活也算风平浪静、如鱼得水。慢热的印小甜也越来越觉得石涛的可爱之处，他真实、果敢、能干，对她也是一往情深、体贴有加，而且两个人看起来那么般配，印小甜很是庆幸自己打破了"美女配丑男"的怪圈。石涛呢，更是情场得意,事业更得意,他对印小甜那叫一个百依百顺,连婆婆都嫉妒起印小甜来。只是,印小甜渐渐地有点不开心。

每次她和石涛出门逛街,都会招来一大群人频频回头。而石涛呢,总是不时地瞟过往的美女一两眼。印小甜有点吃醋,就拉着丈夫说:"我没她们美吗?你老是看她们,都不听我讲话了。"说完就嘟起了嘴巴。石涛这时总是举手保证:"你是全天下最美的。我再也不看她们了。"说完,还是会不停地看。

吃饭的时候,那些女服务员看到石涛这么帅,总是忍不住多看两眼,有时候,还特意借送盘子碟子跑来偷看。而石涛呢,好像深以此为豪,经常和漂亮的女服务员开两句玩笑,逗得这些女人花枝乱颤,他很是开心。印小甜每次都会发脾气,指责丈夫太过轻浮。而石涛却大言不惭地说道:"你应该感到自豪才对,你看老公多有魅力啊!"印小甜被他搞得毫无食欲。

日子久了,印小甜发现自己越来越不能忍受丈夫的忽视,她也开始有事没事地借题发挥,和丈夫大吵。

有一次,印小甜的生日,她很开心,就邀请了一大群姐妹们来陪自己去 KTV唱歌。而石涛作为主人,当然要作陪。石涛乍一看这么一大群美女到来,就又开始得意洋洋起来。小甜的姐妹出于礼貌,在小甜面前夸赞石涛长得帅。印小甜很是得意,没想到丈夫更是得意。石涛冷不丁地冒出来一句:"当年我在学校的时候,追我的女生都有一打了。那时候我根本就不用去买饭,每天都有大把的女孩子等着请我吃饭。"印小甜瞪了他一眼,他自知说话过了头,马上转移了话题。一会儿,包厢里来了一位身材很好、长得也很美的小妹给他们送酒。石涛浑然忘记了妻子在旁边,眼睛一眨也不眨地盯着那位美女看。印小甜气恼丈夫失礼,用力地咳嗽了一声。石涛转过神来,对着众人说道:"你们觉不觉得这位美女长得很像黎姿啊?"送酒小妹很是开心,甜甜地对着石涛一笑。石涛接着说道:"这一笑可是倾城倾国啊!"那小妹更是开心,还多送了一罐酒。石涛神情飞扬,而小甜一脸怨恨。

宴会结束,小甜就指责起丈夫:"平时你对我忽视也就罢了,今天那么多姐妹在场,你怎么也不收敛,我当初真是看走了眼。"石涛嘿嘿一笑:"老婆,别生气。你看那群姐妹都很喜欢我,她们应该很羡慕你才对。"小甜的怒火一触即发:"你还好意思说。我就这么不入你的法眼了，我数了，你今天晚上总共不情不愿地看了我三眼，还不及你看送酒小妹的零头。""不可理喻。"石涛很生气地出去了，印小甜一个人在房间里生闷气。

从那以后，夫妻俩的关系越来越淡，印小甜也学会了逛夜店，石涛很生气，但也没有办法。

**点评：**

女人都是小心眼的，尤其是婚后的女人，她们希望丈夫要时刻将自己看在眼里、放在心上。和妻子出门的时候，丈夫要做到心无旁骛，不要被周围的美女弄花了眼。如果你总是有意无意地忽略妻子，那她也会慢慢地丧失对你的爱，将你也不放在眼里和心中，你们的婚姻也就只能形同陌路、无可挽回了。

# 11. 约见网友莫荒唐

网络是虚拟的,婚姻却是可触摸的,很多人往往会禁不起婚姻的平淡而到网络上寻找新鲜感。可是这种新鲜感也只是一时带给你乐趣,千万不要让它介入到你的生活中,不然会给你带来许多难以说清楚的烦恼。

王伟和老婆刘秀同是大学同学,同院不同系。一入大学,两个人就在新生联谊晚会上对上了眼,一见钟情,开始了四年的恋情。2006 年毕业后,两个人又如愿分进了同一家国有企业,刘秀做的是会计,王伟做的是销售部主管。因为双方家庭条件都比较好,两个人的工作也很如意,上班不久两个人就喜结连理。婚后小两口的日子过得红红火火,甜甜蜜蜜。

可是到了 2010 年,婚后四年的丈夫王伟慢慢地对婚姻产生了厌倦,老婆在他眼里怎么看怎么没有魅力:一头乱蓬蓬的短发,脸上常带有尘土色,除了上班做家务外,就是抱着遥控器坐在沙发上看没完没了的偶像剧。夫妇间的对话除了问问吃什么、什么时候回来外,什么都不会讲。

王伟实在搞不清楚当时自己怎么会看上这种女人,每次和哥们聊天时,都会感叹自己的生活,觉得自己情感上有亏空。哥们开玩笑地说:"那你就趴在墙上等红杏呗!要不要我帮你介绍几个。"

一句玩笑话,竟激发了他的灵感,于是他想到了网络。

经过网上"钓鱼",终于有个叫"漂浮的云"的咬钩了。彻夜长谈,倾情相诉,他们约定了幽会地点。在一家咖啡馆,两人一见面,王伟就心花怒放起来,眼前可是一个标准的美女,一双水汪汪的大眼睛好像会说话,身材窈窕、凹凸有致,而皮肤嫩得可以掐出水来。王伟客气地问好后,又体贴地为姑娘点了一杯"卡布奇诺"。姑娘甜甜一笑,王伟的魂都快出来了。

在咖啡馆里,两个人天南地北地聊了起来。这姑娘不但秀美,而且谈吐幽默风趣,嗓音柔和细腻,煞是好听。更让王伟开心的是,两个人的兴趣爱好竟然出奇一致,都喜欢武侠电影,都喜欢看余秋雨的书,都喜欢吃又甜又辣的食物……王伟还跟姑娘谈起了自己的奋斗史,因为从一个小业务员到部门主管,肯定有过人之处。姑娘一脸崇拜地看着他,这让王伟很是受用。

两个人在咖啡厅坐了两个多小时。夜幕降临了,王伟很绅士地送姑娘回去。回到家后,姑娘的倩影总是萦绕在他的脑海中,他不时开心一笑。

而姑娘显然也对他有点兴趣。两个人不停地见面,感情也在逐渐升温。不久,王伟还特意为姑娘在校外租了房子,两个人幸福地同居了。

又一次见面中,姑娘开心地对王伟说:"我把我们的事情告诉了爸爸,他对你很有兴趣,周末我们去见见我爸吧!"王伟正在喝水,一下子咳了出来。原来他一直都在隐瞒着自己的婚姻,他支支吾吾地说不出话来。姑娘一生气:"你是不是不想见啊?"王伟摇了摇头,说:"我已经结婚很多年了。"姑娘一下子从椅子上弹了起来,将一杯水泼在了王伟的脸上,甩门而出。王伟后怕地摸着自己的脸,幸好那不是开水。

他本以为这件事就这样结束了,可是他没想到这个姑娘很倔强,她就认定王伟了,就算他欺骗了她,她也要得到他。

于是,王伟的悲惨生活开始了。姑娘不知道怎么找到了刘秀,将所有的事情都透露了出来。刘秀和王伟大闹了一场,提出了离婚。王伟当然不同意,他虽然和姑娘好,但是他怎么也没有想过离婚这码事,而且双方的父母都认识,两个人有着那么多的共同的朋友和同学,王伟丢不起这个人。

于是,一方面是姑娘不停地要死要活地骚扰,另一方面刘秀铁定心地要离婚,而父母和单位的领导不停地施加压力。经过姑娘的多次大闹,周围的邻居和同事都知道了这件事,不停地对着他指指点点。家他没法待,单位更是借机给他派了个闲差,王伟一下子落魄了。每天他不是抽烟喝酒,就是蒙着头大睡,人渐渐地消瘦了,而僵局却还在继续。

**点评：**

无论再美好的事物都难免在长久近距离的接触中丧失美感，婚姻也不例外。三年之痒后，双方，尤其是丈夫更容易对妻子产生审美疲劳，而这时候，诱惑总是会出现，网络上的诱惑是最常见，也是最容易让人沉迷其中的。有人认为网络和生活相去甚远，网恋不会影响现实生活，殊不知网络虽是虚幻，从中走出的人却是活生生的，两情相悦，干柴烈火，难免会"闹出点事来"，因此，一个富有责任感的丈夫，尽量不要约见异性网友，以免陷入网恋的深渊。

# 12."包二奶"遗患无穷

周明和妻子宋安妮是大学同学,周明来自农村,家里经济条件不好,但他为人忠厚老实,勤快能干,自从跟宋安妮认识后,他天天帮她打开水、买饭,把宋安妮照顾得无微不至。日久天长,周明凭着自己的真情打动了宋安妮的芳心,两个人很快就确定了恋爱关系。大学毕业后,两人分到了同一家建筑公司,周明干施工员,宋安妮干预算员,他俩上下班总是出双入对,有说有笑,颇令别人羡慕;他们结婚后,又添了一个聪明伶俐的女儿,周明也当上了公司业务主管,小两口的日子甜甜蜜蜜,羡煞旁人。

但是,自从有了女儿,家务活儿多了,妻子宋安妮也变了,变得越来越不修边幅了,这一来,女性的魅力也就打了折扣。周明面对"走样"的妻子,多次进行指责,可妻子充耳不闻,屡教不改。她曾满不在乎地对丈夫说:"我天天忙在家里,打扮得那么妖里妖气,给谁看啊。"周明横眉竖眼,气呼呼地摔门而去。

有一次,朋友送给宋安妮一套名牌时装,一向节俭的宋安妮竟藏在了衣橱里,舍不得穿。周明觉得妻子无可救药了,从此就不太搭理妻子了。

在外工作期间,周明认识了一个老乡,她叫孙梅,是刚毕业的大学生,自从跟周明相识,她周哥长周哥短地叫着,嘴巴甜甜的,这样,两个人也就越走越近了。周明有空就往孙梅的出租屋里钻,钻来钻去,闹出了名堂来。这天,周明又来了,孙梅做了几道可口的家乡小菜,两个人喝了几杯热酒,各自有了醉意,仿佛没有序曲,界限一下子就突破了……

周明"离家"渐行渐远,敏感的宋安妮有了察觉。有一次,她偷偷翻看周明的手机,发现了老公发给孙梅的暧昧短信。宋安妮为此与周明大吵了起来,骂道:"你真没良心,为了支持你的工作,我一个人在家带着孩子累死累活,你倒有清闲心去勾搭别的女人。"周明为了稳住老婆,打死也不承认,连连赔着笑脸说:"一个小老乡,人家在这里人生地不熟的,咱还能眼看着不帮忙吗?熟了,两个人发发短信,开开玩笑,有什么大惊小怪的,你太敏感了。"他还发毒誓跟妻子说,我要是昧着良心做出对不起老婆孩子的事,必遭五雷轰顶!周明的一番表白,暂时稳住了宋安妮。

可是没过多久,周明又跟孙梅密切往来了,他还向同事借钱,给孙梅买了一套房子,偷偷建立了"家外家"。周明回家的次数越来越少,钱也不往家交了。宋安妮了解到周明在外包"二奶"的事实,就跟他推心置腹地谈心,她说:"看在咱们女儿的份上,请你好好珍惜我们这个家,你如果不管不顾,不但家庭没了,你的事业也会毁了。"周明想断绝与孙梅的关系,但孙梅以怀孕了为由,坚决拒绝。周明左右为难,迟迟下不了决心。最后,宋安妮不得不向单位反映了周明"包二奶"的事实,结果,周明家庭走向了崩溃,事业也步入了困境,因为他被免职了。

**点评:**

有人说,"包二奶"错在丈夫,根在妻子,意思是说,妻子某一方面不能令丈夫满意了,丈夫往往会爬出"围墙",手揽门外,其实,这是对"包二奶"现象的一种误判。不管怎么说,一个有妇之夫,无视法律和伦理,贪图个人之欲,与其他女性非法姘和或同居,都是一种不可饶恕的违法违纪行为,其破坏力,不单单是个人婚姻的稳固性问题,还将对社会风气、伦理道德等造成极大的损害。因此,对"包二奶"这一社会毒瘤,必须铲除。

# 13. 小姨子不是"偏口鱼"

张洪剑是一家公司的质量主管,他的妻子翁倩是一名护士,他们都是在青岛的外地人。两人经人介绍,相识相恋,异乡的飘泊感,让他们彼此有了互相依靠的感觉。相处半年后,他们就举行了简单的婚礼,并租了一个套二的房子,安顿下了自己的小窝。

翁倩有个妹妹叫翁红,大专院校毕业后,她"投奔"姐姐来到了青岛,并很快在一家公司找到了一份工作。从此,张洪剑的二居室里就多了一个家庭成员,与小姨子同处一屋檐下,生活中多了热闹,也多了尴尬。

翁红多才多艺,吹拉弹唱样样在行,性格大大咧咧,又不失女性的娇柔可爱。张洪剑虽然跟翁红认识、接触的时间不长,却很快喜欢上了这个具有文艺气息的小姨子。翁红不上班时,喜欢在家玩"游戏",尤其喜欢跟姐夫一块玩"坦克大战"。玩到痛快处,翁红一边猛烈地控制着电脑键盘,一边嘴巴像机关枪似的开着姐夫的玩笑。"姐夫,真笨,打死你这个笨老猪! 姐夫,看我怎么收拾你!"张洪剑偶尔赢了局,翁红同样不放过他,撒着娇在张洪剑脸上猛捏一把,在他身上猛踹一脚。张洪剑一点也不生气,反而被小姨子的娇羞可爱逗得美滋滋的。

一次,三人一块吃晚饭,翁红突然被一根鱼刺卡在了嗓子眼里,她咽咽不下,吐吐不出来,急得眼泪都流出来了。姐姐赶紧跑到厨房去找醋,她从厨房出来时,看见张洪剑正在往翁红嘴里喂馒头,一边劝翁红慢慢吞下,一边用手轻轻拍打着她的后背,动作极其轻柔、专注。翁倩看到这一情景,眉头一皱,尽管心里不快,看着妹妹难受的样子,也不便于说什么。事后,翁倩在老公面前有意提起此事,提醒老公对待妹妹要有分寸。没想到老公却满不在乎地说:"看她难受得厉害,我就想帮她,我没想那么多,你这个姐姐真是多心,连妹妹的醋也吃。"

晚上,三个人经常挤在客厅的沙发上看电视。有时,翁倩和翁红常常为争电视节目闹别扭,两个人互不相让,反目成仇,姊妹俩谁也不理谁。这时,翁倩总是把裁判权交给老公,希望他能偏袒自己。张洪剑每次都是拿过遥控器,打到翁红要争的频道。翁倩气得电视也不看了,回到自己屋,重重地甩上了门。张洪剑明明知道翁倩生气了,但他像没事似的,在客厅里依旧与小姨子一边看电视,一边有说有笑。翁倩透过卧室的窗户看到,张洪剑把苹果削成了一片片,用牙签挑着往翁红嘴里喂。看着自己的老公与妹妹如此亲昵,翁倩像遭受了天大的委屈,她有火发不出,静静地躺在床上,任凭泪水浸湿了枕巾。

过后,翁倩准备找张洪剑倾心长谈一次。可是她刚把话题挑起,张洪剑就不耐烦地说,你又来了,我从来没见过像你这样小心眼的姐姐,你天天盯着我,搞怀疑,你累不累啊! 说完甩门而去。

一天晚上,翁倩在医院值小夜班,下了班已经夜里12点了,翁倩蹑手蹑脚地打开家门,她简直惊呆了。老公正在和妹妹玩 "够级" 扑克,两人玩得疯狂,张洪剑一手抱着妹妹的头,一手拿着纸条往她脸上贴,贴完后,还顺势来了个亲吻的动作。他俩完全没有注意到翁倩推门而进,翁倩一个猛烈的关门动作,"轰" 的一声响,把两人震惊了。翁倩一把把张洪剑拉进了卧室,用力一推把他推在了床上。翁倩再也控制不住自己的情绪,她故意提高了嗓门,吼道:"翁红毕竟年龄还小,她还没有男朋友,把你当哥哥看待。她这个做妹妹的不懂事,难道你这个做姐夫的也跟着犯糊涂吗? 小姨子不是偏口鱼,扭头就可以咬一口。你这样拉拉扯扯,亲疏不分,不让外人笑话吗?" 翁倩这次是真动了气,说到动情处,她哭了,还把结婚时买的花瓶重重地砸在了地下。张洪剑看着满地的碎片,顿时觉悟了很多,他这一次没有辩解,而是真诚地跟妻子道了歉。

翁红轻轻地推开了姐姐卧室的门,她轻轻地给姐姐擦去脸上的泪水,像小时候那样,紧紧地偎依在姐姐的怀里。


**点评:**

与小姨子相处在同一屋檐下,当姐夫的要学会尊重妻妹,把握分寸,保持距离。任何亲疏不分、嬉笑戏谑的言行,都将成为夫妻 "火拼" 的导火索,不仅造成

夫妻误解,还会伤害妻子与妹妹的亲情。如果控制不住欲望,越雷池一步,不但背离了伦理底线,还将造成新的不和谐因素。

# 14. 妻子"闺蜜"不可惹

也许确实是造化弄人，也许只是因为一种感觉，得不到的咖啡豆总是纯甜的，很多人总会有这样的感慨：老婆并非是自己的意中情人，于是婚后总是有那么几分意难平。如果这个时候，那个自己灵魂向往的人出现，难免会搅起几分涟漪，为婚姻增添一些波折。妻子的闺蜜是妻子最亲近的人，也是老公最容易看到也最容易了解到的人，如果碰巧闺蜜就是丈夫的意中人，这必将极大地考验婚姻的坚固性。

王如春是国内一家三甲医院的内科大夫，长得一表人材，风度翩翩。美中不足的是，他就读的是一所军事院校，毕业后又直接去做了最忙的大夫，所见的女性不是护士，就是医生，而他又不想和同行结婚。转眼间，他都已经奔三了，父母的催促、朋友的询问，让他动起了结婚的念头。周围人肯定是不行了，去外面找他更是没有那么多的精力和时间，热心的父母不顾年迈，去了许多相亲会，也拜托别人将他的各项基本资料登记在了百合网。经过父母和网站红娘的撮合，一个叫洪小月的姑娘成了大家心目中都比较满意的适婚对象。小月在一家民营企业做经理助理，人美口甜，把王如春父母哄得是心花怒放，而王如春也不排斥她，见了几次面，两个人就确定了结婚事宜。

婚后生活不好不坏，小月热心于家务，婚后干脆辞职在家做了个全职太太，全方位照料着丈夫和公公婆婆。王如春也没有什么非分之想了，婚也结了，老婆也贤惠，父母也满意，他一心忙起了自己医院的事情。他本来以为自己可以从此安静无波澜地生活下去了，没想到故事却渐渐地开始。

小月有一个关系很好的姐妹叫小晴，是从小一起长大的好朋友。小月结婚的时候，小晴正在国外，无法赶回来，就特地从国外寄回来一件漂亮的婚纱作为结婚礼物。转眼间，王如春跟小月结婚三个月了，小晴回国，特意约见了自己最亲密的朋友。她怎么也没有想到，这一次回国带给她密友家庭的是一条难以弥补的裂痕。

小晴的庐山真面目王如春虽从来没有见过，但他心里却将她当成了熟悉的人，因为老婆经常会谈起她和小晴的种种逸闻趣事。王如春和小月一起在酒店请小晴吃饭。小晴算不上是第一眼就让人过目不忘的美女，和小月相比，她只能称得上中等姿色。王如春开始对她也没有什么感觉，只是潜意识地觉得她是一个内敛而有气质的女子。小月盛情邀请小晴在自己家住下，说是酒店太不方便，也不利于多年未见的她们好好相处。王如春看着妻子这么开心，当然也不会拒绝了。

三个人朝夕相处，渐渐地，王如春心中的天平慢慢地倾向小晴那一边，他发现小晴就如他一直寻找的梦中情人，体贴而且有个性、有内涵。她不像小月那样，只知道围着家庭团团转，而是有自己的事业和梦想。一方面王如春在提醒自己不要越雷池一步，而另一方面，他的心却渐渐地游走到小晴身上。小晴慢慢有了察觉，她并不排斥这个男人，也没想过靠近，总是若即若离。渐渐地，小月也有了察觉，她甚至开玩笑地问丈夫："你觉得我和小晴哪个更适合你？"王如春尴尬地笑了笑，什么也没有讲，而小晴则慢慢地疏离了王如春。

慢慢地王如春越来越不满足于这种濒临消失的暧昧状态，他想将两个人的关系挑明。于是，趁着有一天妻子出外约会的机会，他迫不及待地准备了烛光晚餐，和小晴开门见山地谈起自己对她的感觉和想法。小晴当然是声色俱厉地拒绝，她有美满的家庭，而且和小月感情那么好，也不忍心伤害小月。王如春很是伤心，他扑倒在小晴的腿边，正在这时，小月推门而入，三个人的气氛一时显得十分尴尬。

小晴是一个聪明的女子，她马上弯下腰，再起来的时候手里已经拿了一支筷子，说："王哥快起来，筷子我自己捡就是了。"小王顺势就起来了，笑着看着老婆。小月狐疑地看了看小晴，什么也没有说。

当然，小晴第二天就走了。小月心里清楚自己的姐妹肯定不会背叛自己，她却更不相信丈夫会有非分的想法，就把所有的问题都怪在了小晴身上，两个人的关系变得形如路人。王如春呢，心里更是惦念着小晴，对小月越来越没感觉。

两个人的生活一落千丈。尤其是王如春，他本来是医院里面业务水平数一数二的医生，现在则多次犯错，连最有把握的主任一职也没有竞选上。小月越看他越觉得不顺眼,终于在年底的时候提出了离婚。

直到现在,王如春还沉浸在对小晴的单相思中,生活、工作都搞得一塌糊涂。

**点评:**

俗话说"兔子不吃窝边草",而王如春却选择了妻子的密友"下手",殊不知却丢了西瓜,也丢了芝麻。既然已经结婚,而且婚姻美满,又何必在诱惑面前迷失了方向,伤害了妻子,也伤害了自己。更何况这诱惑是妻子最亲密的朋友,你又何必用爱来和友情一较高下呢?

# 15. 朋友妻不可欺

朋友之间往往会因为默契而喜欢同样的女人，而一旦结婚后，每个人都应当心无旁骛，不要去招惹朋友的老婆，那样，既违背了伦理道德，又容易违背了法律条文。

如果不是事情真的摆在了自己的面前，刘通打死也不会相信自己会"染指"哥们的老婆。他一直很欣赏《水浒传》里的兄弟义气，总是信奉哥们友谊高于男女之情，始终坚信自己不会和哥们因为女人的事情而分道扬镳，甚至因为做出这样的蠢事而将自己送到了监狱里。

刘通和王博是大学里睡在上下铺的兄弟，关系很铁，两个人喜欢行动一致，一起自习，一起打球，甚至连工作也是一起找的，婚也是一起结的。周围的人总是善意地笑他俩有着"同志"般的友谊。

刘通是工程师，而王博则是商务谈判员，经常需要出外谈判。有一次，因为公司接了一个很大的国外单子，王博被派出国去谈判。时间大约需要 1~3 个月。王博很是不舍得年轻貌美的妻子王兰，于是就拜托刘通夫妇两人照顾。

刘通的妻子刘华对王兰没有什么好感，她嫌王兰太过于依赖人，说起话来也是嗲声嗲气、大呼小叫的。这样，照顾王兰的责任就落在了刘通一个人身上。

一开始，刘通就如哥哥一样照顾着王兰的生活，帮她采购粮食，帮她修理下水道，修理电器，甚至还在下雨的时候去接王兰上下班。刘华很是不开心，她总是担心老公把握不住自己。而刘通却拍着胸脯保证："老婆，我绝对不会做对不起你的事情！再说了，王博是我哥们！"

慢慢地，刘通的誓言在行动中变了味道。王兰对刘通总是一副很崇拜的样子，不停地夸刘通能干，比王博强多了，这让刘通很是受用，因为自己的妻子向来不怎么表扬他。久了，王兰甚至还抱怨起王博"不解风情"。刘通清楚，机会来了！但虑及朋友之情，他却步了。

终于，在一个雷电之夜，王兰打电话哭着说停电了，她很怕，而刘华刚好出差，刘通就鬼使神差地去了王兰家，两个人很自然地突破了那道防线，很开心地过了几天逍遥的日子。

好景不长，王博出差回来了，他一见到刘通就大叫"够哥们"，说他老婆很满意刘通的照顾。刘通尴尬地笑了笑，什么都没有说。王兰呢，自从跟刘通"那个"了，总爱拿王博跟刘通比较，越来越觉得刘通胜过王博。于是，她仍旧偷偷摸摸地约刘通见面。随着感情的升温，王兰有了更进一步的想法，她要跟刘通正大光明地在一起。在宾馆的一次幽会时，刘通听了王兰的话，一下子懵了！他坚决地说："我们还是分手吧！我不想离婚，也不会离婚。我们不能这么自私地去伤害刘华和王博。"王兰一听，大叫起来："你怎么这样呀，太自私了！"刘通说："当时我们是你情我愿，没有以婚姻为前提啊。"王兰却来了蛮劲儿："你不同意是吧？那我告诉王博和刘华去。"刘通极力相拦："你疯了吗?！"王兰死命挣扎，还大喊大叫，刘通担心她引来宾馆的服务员，情急之下用手捂住了王兰的嘴巴，并拖着她往里间走。王兰不停地挣扎着，刘通死命地按着她。过了一会儿，王兰不动了，刘通放开了王兰，用手擦了擦脸上的汗，说："你冷静一点，我们慢慢谈。"王兰却还是一动不动地躺在那里，没有了声音。刘通将手小心翼翼地放在了王兰的鼻子旁，他惊坐在了地上：王兰死了……

**点评：**

婚后男人面临的诱惑很多，尤其是朋友美丽的妻子。因为她最容易让你接近，接近了，机会也就多了，可作为朋友的朋友，一定要把握住自己。朋友是你选择的，他如同你的兄弟一样，你不要因为一时的心血来潮而丢掉多年朋友的感情。到头来，伤害了朋友，也伤害了自己的家人，更是将自己送到了一个难以回头的处境中。

# 16. 微笑面对妻子的"恋人"

女人的自制力都是很强的,尤其是结了婚的女人。她们面对曾经的恋人时,只要当时的她们不是很不幸福,而丈夫也不是那么过分地专制,婚姻状况还过得去,她们是无论如何都不会做出对不起丈夫的事情来。作为丈夫,要保持大度的情怀,对妻子的初恋以礼相待,更要足够地信任自己的妻子,这样才能牢牢抓住婚姻。

胡斐然是一家汽车公司的工程师,机械制造出身。有一天,他正在陪客户在一家茶楼喝茶,透过缝隙,他看到了对面隔间坐着妻子蒋小平和一个看不清楚相貌的男子。谈完事情后,送走客户,胡斐然转到了妻子所在的包厢,打算给她一个惊喜,没想到却变成了惊吓。在他推门的那一瞬间,那位男人正坐到妻子的身边,紧紧地握住妻子的手,而妻子呢,眼睛里闪烁着泪花。听到了脚步声,这对男女转过了脸,三个人登时石化。

胡斐然咳嗽了两声,妻子和那个男人都放开了手,尴尬地对着胡斐然笑了一下。胡斐然笑着说:"小平,都不介绍一下。这是你老乡吧,老乡见老乡,两眼泪汪汪。"蒋小平定了定神,发现丈夫并没很愤怒,她决定坦白从宽:"算是吧! 这是我的老同学魏思森,现在在一家报社做执行主编。""魏思森? 这不正是妻子的初恋情人吗?"胡斐然想起来,他有点生气,心想这对男女也太过分了,光天化日之下就想给自己戴绿帽子。不过他看着妻子泰然自若的神态,再想想妻子的为人,他相信她,笑着道:"久仰! 我常听小平提起你,说你很了不起,很有才华,当年对小平也很是照顾。你已经知道我是谁了吧! 相请不如偶遇,既然你来了,就一起到家里坐坐吧,尝尝我的手艺。"魏思森有点尴尬:"不必了吧! 我和小平已经谈完事情了,现在也该回家了! 不打扰你们俩的二人世界了,我走了!"说完就离开了。

蒋小平想着现在丈夫要跟自己"秋后算账"了,她乖巧地等着丈夫的"发落"。谁知道丈夫像没事人一样,笑着说:"我们回家吧,今天中午吃小鸡炖蘑菇。"小平有点诧异:"这就走?"胡斐然呵呵一笑:"难不成你还要在茶楼用膳啊,这里可没有菜吃。"小平和丈夫回到了家,想着现在他总该老虎发威了吧。胡斐然呢,更是镇定,压根都没有和妻子聊魏思淼这个人。小平等了两三天,看丈夫一点动静都没有,她有点急了,想着丈夫不会受刺激过了头吧,她决定主动"出击"。

她细心地为丈夫泡了一杯浓郁的"铁观音",小心地说着:"关于那天的事,你都不想问我点什么吗?"她确定丈夫看到了很多。胡斐然佯作糊涂:"哪一天?我都忘了……哦,想起来了,你说魏思淼啊。"小平点点头:"那天,我和他……""不用说了,我知道了,多年未见嘛,见了面总会激动的,我也会。上次我和哥们俩大老爷们还在机场号啕大哭呢!"胡斐然打断了她的话,心想这件事还是不要逼着妻子说出来吧!小平也就没有说什么了,她也不知道从何说起,不过心里很是感激丈夫的体贴。

后来,胡斐然还特意嘱咐妻子和魏思淼去见见面。他一个人来到这个陌生的城市,一切都不熟悉,妻子有责任做好"东道主",不过如果需要他的话,他一定"不辞劳苦"。小平看出了丈夫的鬼心思,她和魏思淼见面的时候,就特意拉了丈夫一起去,让他放心。

胡斐然呢,每次看到魏思淼都是文质彬彬的,绝口不提那天的事。两个人的兴趣和追求出奇一致,很快就抛开小平,成了无话不谈的哥们,小平倒是成了"点缀"的那一位。小平佯装吃醋:"你们两个过分了,过河拆桥!"这两个人总是哈哈一笑,三个人的气氛十分融洽。

在几个人成了很好的朋友后,小平将事情一五一十地坦白,原来那天魏思淼和她谈到了当年两个人分手的内幕,让她也不禁唏嘘起造化弄人……她好奇地问丈夫:"你怎么如此信任我?"胡斐然笑微微地:"你是我的妻,我不信你信谁呢?我们这么恩爱,别人怎么能够拆散呢?"小平嘴上不说,心里却很是感激,对丈夫的爱恋愈加浓烈。

**点评：**

　　这个世界总是充满着这样那样的送上门的诱惑来影响婚姻，而婚姻门户是否牢靠全凭双方的信任。作为丈夫，更要如此。婚后女人，总是倾向于将自己的丈夫当成一生一世的亲人，轻易不会迈出背叛的脚步，哪怕对象是她少女时代的梦。身为丈夫，面对妻子的初恋，更要保持自己的那份风度，如此才会赢得女人心中爱的天平，而你们的婚姻也会更加美好香醇。

# 17. 见了第一"恋人"莫痴情

学者们调查研究发现,很多人都不会和自己的初恋情人结婚,如此,许多人往往对自己的初恋念念不忘,如果因为机缘巧合,婚后的男人和自己的初恋重新相逢,这时男已婚女已嫁,双方或者仅仅是一方仍旧抱有爱的幻想,必将对自己的婚姻造成极大的伤害。

李闯和妻子刘梅同是青岛一所重点中学的老师,李闯教物理,刘梅教语文,两个人于 2006 年组成了家庭。婚后,刘梅主动承担起了全部家务,还担当起了照顾双方父母的责任,将小家和大家都打理得井井有条,这让李闯很是省心。他全心地发展自己的业务,成为了学校最年轻的教研组组长,更让他欣慰的是,2008 年他正式晋升为父亲,成为了一位粉嘟嘟圆润润的小姑娘的爸爸。小两口的日子过得蜜里调油一般。春去冬来,2009 年临近春节的时候,一个女人的出现打乱了这一切。

李闯在"银座"为家人挑选春节礼物,突然,一个形容憔悴的女人走了过来:"李闯,真的是你吗?"李闯一回头:"王琴……你怎么也在这里,你不是去成都了吗?"王琴一脸沮丧:"别提了,我们找地方聊聊,我们都五年没见面了吧!"两人相携而去了一家西餐厅,找了个角落坐下来谈心。这一番谈话让李闯唏嘘不已。

王琴是李闯的初恋,也是大学同班同学。大学的王琴是物理系出了名的美女加才女,从众甚多。李闯虽然羞涩也是其中一个最坚持的追随者。可是面对李闯的爱情攻势,王琴则是能避则避,能退则退。临到毕业聚餐时,王琴开心地站了起来,晃了晃手指上的亮闪闪的钻戒,喊道:"你们要恭喜我哦!我马上要去成都结婚了!"李闯一听,心里百味杂陈。事后,王琴只是留给他一封信,说两个人并不合适,她的未婚夫是两年前回家的时候认识的,云云。李闯心灰意冷地来到了青岛。

两个人先是谈了愉快的大学生活，接着王琴就开始哭诉了自己的不幸。结婚后，她老公虽然有钱，却忙于事业，不让她出去工作。一看到她和别的男人讲话，必问长问短，有时甚至动手打人。她一出门，老公的电话必定会追随而至。这样的婚姻让她很是疲惫，更让她难过的是自己的枕边人竟然在外有了女人，还有一个私生子……于是，她办理了离婚手续，只身来到了青岛，打算做服装生意。

回到家后，李闯辗转反侧，他没有想到自己的"第一恋人"如此苦难，他看出了王琴眼中的后悔和期盼。刘梅睡得香甜，翻了个身，嘟囔了一句"明天要吃糖醋排骨"。李闯紧紧地抱住了妻子：不能这样沉沦下去，我只能尽量去帮助王琴重新站起来。

事情的发展却出乎李闯的预料。他出资金找关系帮王琴创业，时不时鼓励她要坚强起来，小心地回避谈论感情问题，他只是告诉王琴自己现在过得很幸福。殊不知，慢慢地，李闯竟然将自己当初的思虑抛到了脑后，他越来越觉得王琴很好，也越来越觉得这是上天重新给他们机会相知相守。两个人很快住在了一起，打得火热。逐渐地，刘梅有点发觉，她甚至撞见了两个人在一起。她不哭也不闹，平静地说："你们的事情我都知道了，我给你时间处理干净。我尊重你的意见。"李闯思量再三，还是觉得不能抛弃娇妻幼女，就找王琴摊牌。

王琴不舍，找李闯大闹，两个人就这样别别扭扭地生活了一个多月。其间，王琴的淑女风范一扫而光，寻死觅活的，还不停地去骚扰刘梅。李闯越来越后悔自己当初的眼光，怎么能看上一个泼妇呢，真是看走了眼，他更是坚定了分手的决心，决绝地离开了王琴的家，走之前，他给她留下了一笔补偿。

王琴当然不满意这样的结局，她歇斯底里地让刘梅放手，刘梅说："我就算放手，他也不会和你在一起的。"这话极大地刺激了王琴，因为李闯也曾经说过这样的话，她愤怒地将刘梅推倒在地，这一推将自己推到了监狱里面，刘梅变成了植物人。

如今的李闯独自带着女儿，照顾着没有意识的妻子，终日在愧疚中度过……

**点评：**

旧情人很多是自己年少时的幻想，幻想总是美好的，就像《飘》中的郝斯嘉始终对艾希利念念不忘，却没有想过两个人并不合适，也不会幸福。初恋既然是虚幻的，那就不要揭开它的面纱了，就让它鲜活地活在记忆里，而不要暴露在外，否则，细小的缺点必然放大为难以弥补的缺陷。这样，不仅不会带给你愉悦，反而带来了追悔莫及的伤害。

# 18. "红颜知己"是"祸水"

男人中,不乏盼望红颜知己的。《天道》里有一句话:"红颜知己自古有之,这还得看男人是不是一杯好酒,自古又有几个男人能把自己酿到淡而又淡的名贵,这不是想为之而就能为的事。"所以,"红颜知己"这种情感在想象中非常唯美,但在现实生活中,却往往不是福。

刘为是一家外资银行的高管,某财经大学研究生,毕业后,他的事业一帆风顺,很快被提拔为本行最年轻的副行长。他的妻子滕宇是他的大学同学,美丽温柔,聪明伶俐,两个人从大学的相识相知,到夫妻的相随相伴,情深意笃,非常恩爱。如果不是老公手机里一条莫名而至的短信,滕宇永远也不会相信,她老公的心里还有一个女人占有一席之地。

那天,刘为正在洗脚,突然传来手机短信声,刘为让滕宇顺便看看是谁发来的短信。滕宇打开一看,气得立马把手机往沙发上一扔。刘为感到莫名其妙,打开一看,屏幕上显示:"刘哥,还记得我吗,我是小仙。没有了希望后,我和你一样最终选择了婚姻,不知道你是不是幸福地已经忘记了我,我却依然忘不了你。希望有时间再见一面。"难怪妻子生气,刘为自己也着实吓了一跳。短信是小仙发来的,小仙是刘为青梅竹马的儿时伙伴。初中那年,小仙的父母离了婚,小仙跟妈妈去了另一个城市,好多年没了消息。大学三年级的时候,刘为参加大学生辩论赛,他和同是选手的小仙在赛场相遇,两个发小,失散多年后,在异乡偶遇,那种惊喜让他们喜极而泣。随后,他们一直保持着联系,通过QQ相互诉说着生活的选择和感悟,默契而相知。但是,刘为有了固定的女朋友滕宇,再加上他和小仙各居不同的城市,距离的遥远,让两颗相知的心若即若离。

小仙的短信来得很突然,刘为顾不上妻子生气,跟小仙你来我往地传递着信息。刘为得知小仙突遭了婚变，从小失去父亲的她，又遭到了老公的抛弃，生活的双重打击，让柔弱的小仙痛苦万分，她甚至想到了自杀。刘为赶紧开导小仙，并答应小仙明早就飞往她的城市。

本来刘为答应了妻子，明天一同去医院看医生。他俩结婚三年了，滕宇一直想要个孩子，却一直怀不上。妻子找朋友约了市里最权威的妇科专家，两个人一起去医院做一个全面的身体检查。但为了小仙，刘为只得放弃原计划，跟妻子解释后，妻子当时就掉泪了，她扔下一句话："是咱们的孩子重要还是小仙重要，你自己看着办吧！"

第二天一早，刘为乘上了最早的航班，飞到了小仙的身边。精神恍恍惚惚的小仙第一眼看到刘为时，她控制不住自己，扑进刘为的怀里哭得死去活来，她喃喃地说，如果不长大长高，你永远是我最亲的哥哥。

刘为请了年假，准备多陪陪小仙，带她散散心，帮她一起熬过这段人生的阴霾。

陪伴小仙的日子，妻子三天两头，一遍遍打来电话催促刘为赶紧回家。刘为守着脆弱而绝望的小仙，一边是妻子的通辑令，一边是要死要活的小仙，左右为难。他在小仙身边陪伴了一周，陪她游玩散心，陪她吃饭聊天，让精神一度失常的小仙渐渐恢复了平静。一周之后，他在小仙泪脸婆娑的目光中，与小仙依依别离。没想到回到家后，迎接他的是妻子的"火药战争"，滕宇以刘为有了外遇为由，坚决要求离婚，并且找到了单位领导。在领导的劝说下，刘为一遍遍向妻子解释，小仙是自己童年的幻想，最多算个红颜知己，而我们有着多年的感情基础，再多想，就是一种不信任。对于这些解释，妻子似乎并不领情，她提出了离婚。刘为不想与妻子分手，因为妻子是他事业上的好帮手，生活上的贤内助，就这样分手，他不但生活失意，事业也将受到很大影响。两个人的情感进入了胶着状态。

刘为走后，小仙也勇敢地做出了选择。她果断地递交了一纸辞职报告，只身来到了刘为所在的城市，并向刘为展开了感情攻势。两个女人把刘为搅得焦头烂额，摁住葫芦起了瓢，他无心工作，纠结在两个女人之间，原来平静的生活一片缭乱……

**点评：**

红颜知己，这是时代催生的一个新名词，它是在物欲世界的喧嚣和纷繁中，一些不安分的男人对激情的渴望、对浪漫的追求和对幻觉的向往。从某种意义上讲，红颜知己，就是婚外情的一种异变。知己，是幌子；红颜，是情妇，这是毫无疑问的。红颜自古多命薄，当有妇之夫的红颜，命运更将不可预测。同时，那些极力寻找红颜的丈夫，其用心，路人皆知。

# 19. "一夜情" 往往 "一生恨"

　　俗话说得好,篱笆扎得紧,野狗自然钻不进。作为丈夫不洁身自爱,发生了婚外 "一夜情",不管是什么理由,在给妻子造成伤害的同时,对自己来说也是影响一生的 "疤痕"。

　　李建是一家星级酒店的业务总监,他一表人才、风流倜傥,尤其很懂女人心,在美女如云的酒店里很有女人缘。他的妻子冯玲,是他的初恋,两人从相识到相恋,历经10年,才走向了婚姻的红地毯。婚后两人感情甚笃,羡煞了冯玲的闺蜜,她们总爱跟冯玲开玩笑:"你可要看好了,别让人挖了墙脚"。冯玲总是淡淡一笑地说:"管得再严,我也不能天天把他拴在裤腰带上,婚姻如同握在手里的沙子,握得越紧,男人跑得越快。"

　　有段时间,正好是酒店的淡季,李建业务不算太忙,喜欢上了在网上 "潜水"。有一次,他在聊天室认识了一名叫琴琴的网友,琴琴在一所师范学院上大二,来自内蒙的偏远山区,父母早逝,靠自己勤工俭学维持学业。开始,李建非常同情琴琴的身世,也利用自己工作上的便利,给琴琴提供一些假期打工的机会。李建的关爱,让琴琴在这个陌生的城市,感受到一份久违的温暖和感动。李建在为琴琴过20岁生日的那天晚上,两个人酒到酣处、情到浓处时,在酒店开了房,发生了一夜情。

　　事后,李建非常后悔,觉得自己一时失控,很对不住妻子冯玲。他狠了狠心,删除了琴琴的QQ号,他意识到如果不跟琴琴来个 "紧急刹车",自己曾经幸福的家庭就将 "风雨飘摇"。从此,李建每天下了班,都是匆匆往家赶,做好了饭菜摆上桌,让冯玲开心地享受他体贴入微的照顾,以弥补自己内心的不安和愧疚。

　　然而,消失好久的琴琴突然不期而至,打碎了李建原本平静而幸福的生活。

那天，李建下了班，从酒店大楼走出来，老远就看见一个熟悉的身影。"轰"地一声，他的头一下子大了，他不敢相信自己的眼睛，站在自己面前的，竟然是大腹便便的琴琴。李建惊奇地望着琴琴，他似乎明白了一切，却又不愿面对这个现实。琴琴泪眼汪汪地讲述道，自己怀了他的孩子，又不惜一切地放弃了学业，到处流浪打工，五个月每天都在艰辛中度过。男人的一夜，女人的一生，她愿意用生命的代价，为李建生下这个孩子，来纪念自己对李建的爱。李建本来对琴琴的擅自决定是愤怒的，看到琴琴态度的坚决，也就面对了这个现实。

李建心里明白，纸终究是包不住火的，他不知道该如何去应对未来。自从琴琴出现后，李建每天总是吊着心，忐忑不安地混日子。有时清晨醒来，他一遍遍叮嘱自己，今天一定要跟冯玲说清楚，好求得妻子的谅解和帮助，但一看冯玲那忙碌的身影和安静的神态，他就失去了坦白的勇气。是啊，他深爱着自己的妻子，不忍心打破这种生活的平衡，不忍心伤害妻子一颗善良的心，他感到自己做了一件天大的蠢事。

一天，他跟妻子在商场购物，在簇拥的人群中，他突然发现琴琴在搞促销。她神情专注，大声地介绍着自己的产品，她那笨重的、看上去随时都要临盆的身子，即使让一个陌生人看了都会心疼，李建神情慌张地拉着妻子匆匆离开了。回家后，他沉默良久，终于语无伦次地向妻子坦白了……他想，冯玲一定会发了疯似的向他咆哮而来，骂他个狗血喷头。然而，妻子呆呆地看着李建，什么也没说，那眼神里从未有过的一种冷漠，比任何凶狠的语言都有杀伤力。冯玲黯然地看着李建，痴痴地傻笑道："我太相信爱情了，我太相信你——李建了，十年的感情抗拒不了"一夜"的诱惑，事到如今，我也不想再说什么，咱们还是离婚吧！这对你是一种解脱，你可以好好地对琴琴和你们的孩子负责。对我，也是一种解脱，我宁愿选择懦弱地逃避，因为我无法接受一个相爱的人出轨，我们再也回不到以前了。"

李建陷入了两难的选择中，不管是那种选择，对两个深爱他的女人都是一种伤害。

**点评:**

随着多元文化的进入,"一夜情"已经成为现代社会的一种屡见不鲜的现象。有人甚至把它看作是一次异性间的"床上握手",一次追求刺激的"情感释放",但不可忽视的是,一方在享受"一夜情"带来的刺激的同时,对另一方往往会造成难以治愈的伤害,从而导致夫妻关系的紧张。同时,"一夜情"这种不负责任的两性行为,还会败坏社会风气,引发社会矛盾,因此,我们应当坚决杜绝"一夜情"的发生。

# 20. 少喝"花酒"多自重

　　王峰，在一家建筑公司工作，他的妻子肖梅是一家外贸公司的会计。自从王峰被提拔成了项目副经理之后，身边有求的人经常围着他转，慢慢他也就养成了"喝花酒"的习惯。

　　一次，钢材供应商高老板想得到王峰的关照，在酒店里设了丰盛的宴席，高老板说是为了活跃气氛，从公关公司请来了女大学生王莉陪酒。起初，王峰还不太适应陌生的女性陪酒，可王莉落座后，相逢开口笑，举杯豪情溢，不一会儿，就赢得了王峰的好感。深为其情所动的王峰，尽管不胜酒力，也依然跟王莉"交杯"，使得宴席高潮迭起，喝彩不断。宴会过后，王莉趁热打铁，索要了王峰的电话号码。

　　不久，王峰就收到了王莉的短信：王哥，一面之交，情深似水，希望你能记得我哟！王峰看后，若有所失。

　　高老板又一次宴请王峰，王莉仍被请来了，王峰再次见她，激情难耐，兴奋不已。酒后，两个人在高老板安排下，又去了夜总会。舞池里，王莉含情脉脉，情深意长，王峰也一推半就，倾心而为，两个人越搂越紧了。

　　这天是王峰的生日，妻子做好了几道拿手好菜，可左等右等，偏偏不见丈夫身影，妻子电话催促，王峰说是在单位加班。临近深夜，王峰醉熏熏地回来了，妻子审视，诧然失惊：他出门时的白衬衫竟换成了方格的。细心的妻子偷偷查看了他的手机，发现了一条刺眼的短信："王哥，今天是你的生日，下了班咱们老地方见，有惊喜的礼物送给你。"近段时间，细心的肖梅发现王峰一直心神不定，尽管她嘴上从没"挑明"，但眼前的这条暧昧短信，像块石头一样堵在了她的胸口。

　　翌日，王峰醒来，到处找那件方格衬衣，肖梅不动声色地说："昨晚你喝醉了，吐了酒，满身都是，我把你的衣服脱下来给扔了。""什么，那，那可是件新衣服，扔了太可惜了。"王峰的心猛地沉了下来，自己心里有鬼，但也不好发作。肖梅说完，却又转过身去,从衣橱里拿出来了那件洗得干干净净、叠得整整齐齐的方格衬衣,对他说:"别犯狂想症了,你的宝贝礼物在这里。看你吐脏了,我一晚上没睡觉,洗净了也熨好了,既然你想,就穿着去上班吧!"妻子虽然不愠不怒,王峰也能听出她话里有话,他只得老实交待说:"老婆,那件衬衣是昨晚一个小老乡送给我的生日礼物。我们俩是喝酒时认识的,她把我当大哥看,我俩真没什么。"面对王峰的自圆其说,妻子并没有再追问。

然而,妻子的体谅和柔情,并没有扭转王峰 "喝花酒" 的心态。自此,王峰再有应酬,依然我行我素,索要 "花酒"。一次,他在酒桌上与一个新疆姑娘喝 "花酒",酩酊大醉后,那姑娘拼命要酒,一顿饭花掉了王峰一个月的工资,后来他才发觉,那姑娘是个 "酒托"。还有一次,王峰与一个藏族姑娘喝 "花酒",醉得不醒人事,出了酒店,一头撞在了柱子上,被送去医院缝了三针。肖梅闻讯赶到医院,看到王峰头上绑着绷带,脖子还缠着 "哈达",嘴上还迷迷糊糊地喊着那个小姑娘的藏族名字,她气得二话没说,转身就离开了。

王峰辗转于酒局,沉湎于酒色,成了混沌度日的 "二郎神"。肖梅看在眼里,急在心里,她一而再,再而三地做王峰的工作,但王峰仍然执迷不悟。时间长了,肖梅也就对王峰死心了……

**点评:**

男人的社交往来总离不开酒场,但酒场上的花花绿绿,最容易迷失自己。作为男人要想把持住自己,首先要自重,酒场上的 "花色" 游戏玩不得,不仅玩物丧志,更让自己在花天酒地中背弃了婚姻的责任和义务,让幸福的婚姻产生裂痕。

婚姻保鲜红绿灯（丈夫篇）

# 三、私密空间

妻子怀孕多呵护

你很高兴,她的秘密花园有你的一方天地;你很烦恼,她的秘密花园不时有怪兽出没,需要你时刻保持警惕,驱赶这些不怀好意的破坏者。

　　你要是细心的丈夫,时刻关注她的情绪,呵护脆弱的她,给她想要的贴心。

　　你要是勇敢的守卫者,不停留意她的恐惧,守护无助的她,给她想要的安全感。

　　你要是真诚的朋友,用你的真心换来她的安心和真心。

　　你更需要是一个辛勤而又技术高超的园丁,时不时地为她的秘密花园增添新的风采,不辞劳苦,真心永远。

# 1. "丑陋",有些是不能暴露的

很多丈夫认为,他们在妻子面前的本色演出是爱妻子的表现,是愿意将自己真实展现在妻子面前。殊不知过分的真实如洁癖一样,会给人带来厌恶感。赤裸的模特只有放在艺术馆里才有美感,婚姻生活中,如果你始终赤裸裸地将自己展现在对方面前,岂不大煞风景。尤其是你的丑陋面,那也正是妻子所厌恶的一面,要尽量学会掩饰,而自己优美的一面要让妻子永远地记着。

谢江虎是一个典型的山东汉子,爱好吃大葱生蒜,说起话来嗓门震天,他却偏偏娶了一个婉约的女子。他的妻子戴丽娟是一个典型的江南小家碧玉,长得白白净净,说起话来也是细声细气,整个给人一种清清爽爽的感觉。谢江虎当年是费了很大的气力才将妻子追到手的,他特地为妻子放弃了吃大葱大蒜的嗜好,说起话来也尽量压低嗓门,而且,他还特地学会了做带甜味的江南菜给戴丽娟吃。那一段日子后来被谢江虎形容为"扭扭捏捏的娘们生活"。皇天不负有心人,他的这些笨拙的举动竟然打动了戴丽娟的芳心,她特意为了他放弃了苏州老家的工作,义无反顾地来到了济南,这个有着大明湖畔传说的地方。济南的空气实在是她不能恭维的,干燥、沉闷、尘土飞扬。戴丽娟开始怀念江南的水润润的空气,只是这里有她爱的人,她尽量调整着自己来适应济南。慢慢地,她发现谢江虎像变了一个人。

两个人恋爱的时候,谢江虎特意将葱蒜收起,学着戴丽娟再也不吃生的葱蒜,还谎称自己本来就不喜欢吃这些。婚后才不久,他的原形毕露,每顿饭都是无葱蒜不欢。戴丽娟一说他,他马上振振有词:"当年是当年,那是为了追你嘛!现在才是我,这才是大男子汉应该做的。葱蒜多好啊,抗癌!要不老婆你怎么会有我这么一个强壮的丈夫呢!"戴丽娟被他逗乐了,也就不和他计较,只是嘱咐他吃完一定要漱口,不然别想靠近她讲话。这些在戴丽娟领略了污浊的空气和名不符实的鲁菜之后也慢慢地让她接受了下来。唯独是丈夫大大咧咧地展示自己的某些丑陋的行为让她很是恼火。

谢江虎总是在饭桌上妻子还在细嚼慢咽地吞着食物的时候,他就开始剔牙,而且不是用牙签剔,而是随便拉出一个尖细的东西,针啊、小铁丝啊,有时候甚至是下手去剔。戴丽娟总是皱着眉头,瞪着他。谢江虎置若罔闻,剔完牙,又开始洋洋得意地抠鼻子、挖耳朵,甚至还会抠抠自己的臭脚丫子。两个人每次的争吵总是从这里开始,戴丽娟生气地放下碗筷:"还让不让人吃饭了,这么恶心的事你也做得出来。"而谢江虎的大男子主义一下子被激发了起来:"怎么了,我干什么了?你吃你的饭,我做我的事,两不干扰。"戴丽娟说:"你能不能不做那么恶心的事,我都没法吃饭了。你想弄你的臭脚丫子回房间去弄,不要在饭桌上恶心我。""这怎么恶心了! 这是正常人都会做的,不做这些的人才虚伪呢! 你受不来了就去厨房吃饭去!"谢江虎生气了。戴丽娟更是伤心:"真没想到你当年怎么那么能装,我还真以为你是谦谦君子一个呢!"谢江虎竟然有点得意:"那是,不然你这个大美女怎么能看上我啊。我说你啊,这么干净都有点假了。""你……"戴丽娟被气得说不出话来,心里是无比厌恶这个丈夫。

渐渐地,两个人的矛盾开始升级了,戴丽娟有时候也会发火,大吼谢江虎几句。而更让谢江虎郁闷的是妻子戴丽娟一看到他抠鼻子耳朵之类的,脸就下意识地抽搐一下,而每次看到妻子嫌恶的表情,他总是有一股火蠢蠢欲动,他总是忍不住想要挖苦她几句。于是后来,经常是谢江虎发起战斗,而每次都以戴丽娟的被气哭收场。谢江虎想要控制自己的情绪,只是每次都不能如愿,而戴丽娟的心也在一次次无厘头的争吵中慢慢变冷。

终于,在又一次因为谢江虎在饭桌上抠鼻子的事吵架过后,戴丽娟草草地收拾起自己的行囊回到了苏州老家。而谢江虎是花了比初恋时候更大的力气才将她劝回来,只是夫妻俩的感情已经回不到过去。

**点评：**

每个人都喜欢美好的事物,丑陋的事物虽然真实却常带给人厌烦感。如果这些不好的习惯不能改变,聪明的丈夫总是会掩饰起来,而仅将自己美好的一面展现在妻子面前,从而在妻子心中留下了自己永恒美丽的印象,妻子也会更爱完美的你,婚姻当然也会因为彼此的掩饰而更加完美甜蜜。

# 2. "内室"也要"内衣美"

一看到卧室，很多男人都会觉得那是比家更随意的地方，可以随意地做任何自己想做的事情。殊不知，卧室也是妻子的所在，你的不适宜的穿着、过分的暴露都会碍着她的眼，也碍着她爱你的心，大大影响到你们的婚姻。

汪晓雨和佟大志是在同一个机关大院里长大的伙伴，彼此的父母也是相熟的朋友，用时髦的话来说那叫"青梅竹马、门当户对"，从小汪晓雨都是一脸崇拜地跟在佟大志的屁股后面，一句一个"大志哥哥，你好厉害"。佟大志一听，一种男子汉的自豪感油然而生。这种状态一直持续到男待婚女待嫁的年龄，自然而然地，两个人就走到了一起。周围的朋友都觉得这两个人如此的熟悉，也一定会相伴终老。

婚后，两个人的日子过得风生水起，有着同样的爱好和志趣，熟悉彼此的口味和喜恶。两个人的关系与其说是夫妻，不如说是兄妹。许多人一看到他们俩都说他们已经做了多年夫妻。汪晓雨和佟大志甚少有分歧的时候，她总是处处顺着佟大志，一如既往地对他敬爱有加。佟大志别提有多高兴了，每次一想起来妻子，嘴里就开始哼起小调，哥们每次都夸他有福气。可是最近，他有一件烦恼事堵塞在心头，欲一吐为快。

有一天，他又是一个人去了一家烧烤店，叫了一瓶啤酒，有一口没一口地喝着。哥们王冲走了过来，也叫了一瓶啤酒，拍拍他的肩膀："我说哥们，这不像你啊，不是正春风得意嘛，现在怎么一副苦瓜相！"佟大志咕嘟一声吞下了一大口酒，呛得咳嗽起来："别提了，还不是你嫂子给我堵的呀！"王冲有点惊奇："那不是你的小跟班嘛，哪能给你气受啊？想多了吧！""你说，我的身材还是这么棒吧，可是现在在家里，我就算裸着在你嫂子面前晃来晃去，她都不搭理我。最多也只是眼睛稍微瞟那么一下。你说这是怎么回事啊？汪晓雨是不是心里有别的男人了,你帮我去试探一下吧!"佟大志闷闷地说道。

王冲乐了:"就这事儿啊,嫂子也许在忙别的呢! 你可别乱说嫂子啊,我们一块长大的,她的品性你也应该很清楚。是不是你最近惹她生气了,去见小姑娘了。"佟大志有点不高兴,拍了王冲一下:"我说,我正烦着呢,你就不要说风凉话了。人家都说婚姻起码也要到三年才相看两厌,我俩这才几个月啊就成这状态了。不过还真不瞒你啊,我在外面的魅力还是这个。"说着,他竖起了大拇指,接着说:"上回,我们单位来了一群年轻靓丽的实习生,一个个都追着问我问题,还不停地说我长得像那个叫明道的明星,还找我要签名了呢!"王冲笑着说:"家里的美女不够看了啊! 嫂子最近一直唠叨你什么了吗? 也许这些才是你惹她生气的地方。"

"你一说,我想起来了,"佟大志一拍脑门,"她最近老是唠叨我的大裤衩和背心早就该扔了,打了那么多补丁,上面不知道都沾了什么脏兮兮的东西。我觉得她没事找事,我穿旧衣服多好啊,艰苦朴素,节约是美德嘛!"王冲是做情感专栏的编辑,一听就明白了问题的所在,他慢慢地给哥们解释起来。

原来,别人的夫妻并非多年相识的,所以疲惫期的出现也相对比较晚一些,只是这个问题在很多人的婚姻生活中都会出现。婚后丈夫认为妻子已经是家人了,穿衣就很随便起来。殊不知妻子天生是爱美爱浪漫的,她总期望婚后的丈夫也应该如童话或者偶像剧里面那样,干净整齐,而不是邋遢的小老头一个。这也正是汪晓雨讨厌丈夫的地方,她一直看上的都是那个衣着考究、手指干净的男人,突然一看到丈夫的颓废装扮,心里产生了落差,当然不由自主地表现出厌烦感来。幸好佟大志发现得早,不然下一步被挑剔的可能就是言行举止了,夫妻俩爆发战争也不是不无可能的。听完王冲的一番解释,佟大志这才醒过神来:"谢了哥们。我就暂且信你这回,回头找晓雨试试。"

当天晚上回去,佟大志特意穿起了妻子买的睡衣,在卧室也不随意地裸着上身走来走去,更没有头发蓬松、趿拉着一双拖鞋在妻子面前乱晃。汪晓雨嘴上不说什么,心里十分开心,又开始一句一个"大志哥哥,你好厉害,我喜欢你"。大志心里是美滋滋的,见到王冲不停地道谢。

**点评：**

本色演出固然难能可贵，只是太过随意的穿着会影响到妻子的审美心情，从而她会渐渐地不待见起自己的丈夫来。身为丈夫，要注意细节美，就算在卧室也要保持自己的良好形象，这样你们的婚姻生活才会历久弥新。

# 3. 妻子怀孕多呵护

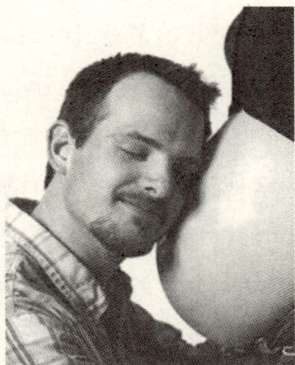

　　很多人都知道怀孕的女人不能惹,却不知道怀孕时的女人最脆弱,也最需要得到丈夫的关心和爱护。在这个时候,再粗心再大男子主义的丈夫都要学会温柔,像对待水晶一样呵护你的妻子,这样你们的婚姻才不会因为双方一时的意气而分崩离析。

　　耿乐是一家跨国贸易公司的业务经理,青年才俊,工作更是做得风生水起,他去年还娶了一个漂亮贤惠的老婆,小日子过得有滋有味。最近他更是乐得合不拢嘴,因为老婆聂远怀孕了。

　　孕期伊始,小夫妻俩高兴地见人就分享初为人父母的喜悦之情。工作繁忙的耿乐闲暇之余,时不时来几个电话,和妻子甜言蜜语一番;只要有休息日,他就一秒钟也不愿意离开妻子的身旁,他不时地拿来新鲜的水果,脑袋隔一会儿就会贴到老婆的肚子上,兴奋地叫道:"我听到宝宝叫我爸爸了!"就连最亲近的哥们约他出去找找乐子,他都会找各种理由推脱。聂远看着丈夫这样,不知道有多开心,

109

两个人的关系比新婚那会儿还要如胶似漆。

好景不长，这个小生命的"来期"似乎很遥远，聂远的脸上开始有了忧色。有一次，好朋友王平打电话约聂远出去逛逛，说要见见漂亮的准妈妈。一见面，王平就看出聂远的脸色不太好，就打趣地说道："这是怎么了，难不成老公还欺负咱们的功臣不成？"聂远苦笑道："哪有？你别笑我了，我最近不知道有多烦。耿乐最近都不怎么搭理我。"王平很是吃惊："怎么会？我上次见你们还像蜜糖，扯都扯不开，这才多久啊！"聂远一股脑地将自己的烦恼倒了出来。

原来聂远怀孕到了两个多月时开始害喜，什么都吃不下去。开始时候耿乐还是乐此不疲地为她准备各色菜肴，变着花样哄她开心，逐渐地他开始烦了，干脆就摆出一副"爱吃吃，爱不吃就不吃"的态度，自己吃完放下碗筷就走，留下聂远一个人坐着生闷气。聂远找他吵，他更是看都不看泪流满面的聂远一眼，躲得远远的。

聂远是一个心思敏感的女子，对这个未来的宝宝总有种不确定感萦绕心头，她不知道孩子健康与否，是男是女，是不是招人喜欢。刚开始她和耿乐交流这些问题，耿乐总会软语安慰，他坚定地拍拍胸脯："你没看是谁的孩子！我们家的宝宝一定是全天下最好看最聪明的！你别胡思乱想了，有我呢！"听到这些聂远总会很安心。只是次数一多，耿乐对聂远每次纠结这个问题很不耐烦，说话也没有了原来的温柔，有时候甚至是"嗯"一声就再也不理会，留着聂远心里各种念头翻来滚去，茶饭不思。

这些聂远都还能忍受，她最不能接受的是丈夫的夜不归宿、流连在一群女人堆里。耿乐现在是朋友有约马上就出去，泡吧、蹦迪、和美女调笑，一分钟也不想在家里待着，一改往日的好丈夫形象。聂远很是难过，找他吵了几次，情况更糟糕了。开始时耿乐还在凌晨一点钟之前回来，后来就两三点甚至干脆第二天中午才回来。有一天晚上十点多，聂远肚子突然疼得厉害，打电话给耿乐，耿乐那里很吵，"喂"了一声电话就断了。没有办法，聂远只好打电话叫来年迈的母亲陪自己去医院。到了医院，医生一番检查后，说没有什么大的问题，只是产妇要注意以后不能这么忧思重重、郁郁寡欢，否则会影响到胎儿的发育，他叮嘱聂远要少生气，多休息。

劳心劳神的聂远凌晨一两点才回到家,正在朦朦胧胧将要睡着的时候,醉醺醺的耿乐回来了,一身的酒气、烟味、脂粉味。聂远翻了个身,没有理他。耿乐跌跌撞撞地扑了过来:"老婆,你今天打电话干吗啊?我哥们都笑话我了。"憋不住气的聂远腾地坐了起来:"你还知道回来啊!我和宝宝今天差一点就出大问题了。医生说我忧思太重,胎位有点不正,这还不都是你给气的。"耿乐含糊地说道:"是吗?怎么这么夸张?你不要想那么多……"话没说完,他就睡着了。聂远生气地将枕头砸在了他身上,一个人坐到了天亮。

听完,王平同情地看着聂远:"我觉得你们需要好好谈一谈。这样下去是不行的,对孩子不好,对你们的婚姻也不好啊!"聂远点点头:"我知道,可我也没有办法,我算是看明白他了。我想就这样过吧,孩子也快出生了,我和他就能过则过,不行就拜拜。"王平不知道该说什么好,心想幸好自己的老公不是这个样子,不然她肯定要和他没完。

**点评:**

女人很敏感,尤其是怀孕的女人,她们总是患得患失、思虑重重,做丈夫的这个时候一定要给予妻子百倍的细心和真心,这样才会让你们的关系在这个特别的时期有更进一步的发展。千万不要嫌弃她、忽略她,这样不但对胎儿不好,也会伤了妻子的心,坏了大好的婚姻。长此以往,你们的婚姻就算不终结,其质量也会大打折扣。

# 4. 有了"小宝贝"，莫忘"大宝贝"

很多男人，包括男方的家属都觉得女人生孩子是天经地义，没有什么值得惊奇的地方，往往忽略了对刚生完孩子的女人的关注，这样会极大地伤害妻子的心。毕竟生孩子对女人来说是一辈子最脆弱的时候，也是最渴望得到认可的时候，这时候丈夫的无心伤害可能让你们本来美好的婚姻裂开一个无法弥补的缝隙。

田蕊本来以为自己的丈夫刘畅只是有点粗心，有点孩子气，不是什么大问题。毕竟刘畅是一名负责的中学英语老师，每天都是和学生打交道，心思单纯。当年田蕊嫁给他就是看上了他这点，只是田蕊万万没有想到就是这样的一个丈夫深深刺痛了她的心。

怀胎十月，一朝分娩，安排手术的时候医生说从病人的体质来看最好是剖腹产，田蕊自己也想剖腹产，因为她担心瘦弱的自己熬不住顺产的痛苦。只是公婆坚决不同意，说顺产的孩子聪明、产后田蕊也不用住那么长时间的院。刘畅很孝顺，田蕊也只能同意了，心里暗暗祈祷一切平安。

疼痛阵阵袭来，怀着几许忐忑的心情，田蕊被推进了手术室。那是她一辈子都不愿意再回忆的经历，分娩的疼痛是无法用言语来形容的，渐渐地她开始失去意识，在最后朦胧的那一瞬间，她听到医生说："必须做手术，小刘，你出去让家属签一下字。"等田蕊再次醒来，丈夫、家人团团围着孩子，她本来以为刘畅会夸奖自己生了个大胖小子。结果刘畅只是看了一眼，说了声"你醒了"就没有了下文，转而继续逗着孩子。他不停地拿着 DV 拍摄着孩子一颦一笑。田蕊的心有点酸，幸好有朋友过来陪她聊天解闷。

因为动了手术，也伤了元气，医生安排她住院一周，而且不能乱动，免得伤口裂开。公婆一家人面有不悦之色，碍于医生在场，而田蕊也是一脸虚弱，他们也没有说什么。晚上,刘畅对田蕊说:"我明天还要上课,就先走了,我妈她们今天晚上守在这里。"田蕊虚弱地点点头。半夜里,她口渴难耐,睁开眼睛一看,家人一个也没在。没办法,她揪着正在查房的一个大夫的衣角:"大夫,麻烦您帮我叫下家人。她们应该在走廊或婴儿房,我想喝水。"医生点了点头。等了很久,还是没有家人的影子。田蕊很是失落,一个小护士端着一杯水轻手轻脚地走了过来:"您要的水,慢慢喝。您的家人可能是去上厕所了吧,别急。"田蕊感激地看了小护士一眼,心里很明白那群家人早就走了,要不就是守着孩子不愿意过来。她的心里对丈夫失望到了极点,这些人的冷漠还好说,而丈夫竟然也如此对待自己,白白浪费了她对他的一片真心。田蕊越想越伤心,蒙头就睡。

第二天,刘畅来了,田蕊质问他昨天怎么没家人陪伴她,刘畅嘿嘿一笑:"我爸妈年龄那么大了,让他们熬夜也说不过。这样吧,我打电话让你爸妈来一下吧,还有那么长一个月子呢。"田蕊心凉如水:"是啊,我爸妈不老。我以前说接他们来的时候你怎么不说同意呢,现在要干活了你想起他们来了。"刘畅也生气了:"一下子扯这么远!我不是忙嘛,你爸妈应该也很想看到外孙子啊!"田蕊一句话也没有说,心里却将丈夫的地位放到了最下面。

自那以后,分娩时丈夫和家人的冷漠总是时不时地浮现在田蕊的脑海里,和丈夫无关痛痒吵架的时候,她也会不由自主地拿出来说事,夫妻俩的心里埋下了永远也无法解开的结,婚姻的质量可想而知,也就比远亲好那么一点。

**点评:**

女人的心是玻璃做的,敏感而易碎,尤其是刚生过孩子的女人,作为丈夫要小心翼翼地去呵护,这样才会让女人更爱你,也让你们的婚姻因为这段共同的经历而更加牢固。现在很多人都建议妻子分娩的时候丈夫应该守在身边,说的就是要共担痛苦和喜悦。如果这个时候丈夫粗心或无心,无异于在妻子的伤口上撒了一大把盐,给你们的婚姻带来难以平复的伤口。

# 5. 男人不可 "躲月子"

很多男人都认为月子中的女人是最丑也最不可理喻的,他们经常能躲就躲。殊不知月子期更是女人身份的转型期,这个时期的女人就像蛇蜕皮一样,意味着脆弱、易受伤害。这个时候的丈夫更应该拿出百倍千倍的爱来宠爱你的妻子,而不是像野兽一样去伤害脆弱的她。

潘辰和刘璐从初中到大学都是同学,谈了八年恋爱,去年大学一毕业,两个人就在父母亲友的祝福声中走入了婚姻的礼堂,小日子过得红红火火。今年四月份,妻子刘璐足月生下了一个七斤半的大胖小子,潘辰别提有多高兴了。而且,锦上添花的是他升职了,从一个小科员升到了科长的职位上。爱情、家庭、事业都是顺心如意,他的脸上时刻挂着笑容,哥们都夸他越来越潇洒倜傥。

一天,哥们张鹏一个人坐在酒吧,喝着喝着,潘辰走了过来,手里端着一杯威士忌。张鹏很是惊奇:"你好不容易休息,不去陪嫂子和宝贝儿子,来这声色之地干吗?"潘辰喝了一大口酒:"别提了,今天你要陪我不醉不归。"张鹏拍了他一巴掌:"你也太不像话了啊,嫂子生了孩子才两个月,你就出来风流快活了。""我的苦你哪里懂啊!"潘辰重重地叹了一口气,"你不知道屋子里的味道有多难闻,我是没闻过如此刺鼻的味道。不让开窗,说是产妇会头疼。我一回去,小孩的尿不湿就归我换了,都搞不清楚怎么这么麻烦。刘璐更是,本来胃口就不太好,现在更过分,我在家一天要准备五六次饭,她都不见得尝一口。还有啊,你知道了,我们还要禁止同房,你说我才结婚多久啊就要当和尚了。"张鹏笑了笑:"那你就出来躲啊。嫂子该有多伤心啊。要不请个月嫂吧。""月嫂?她如果愿意就好了,她不放心,就事无巨细自己做,我回去了就归我了。我都多少天没有睡个安稳觉了。"潘辰又喝了一杯酒。张鹏推了推他:"好吧,就今晚玩一下,回头你还是要回去陪嫂子的。"两个人闷头喝酒。

又过了两个月,潘辰脸上挂着几个创可贴走进酒吧,张鹏忍俊不禁:"几天不见,你就挂彩了。"潘辰生气了:"你别嘲笑我了,还不都是你嫂子弄的。"原来,潘辰实在忍受不住当光棍的滋味,出差的时候去另一个城市见了网友,还发生了一夜情,后来他又去了几次和那个网友共度周末。只是他人很老实,总觉得对不起老婆,就一一坦白了。刘璐一听,也没和他大吵,就只在他脸上留下了几条痕迹。听完,张鹏说:"哥们,行啊,好男人也要出去长见识了。那嫂子怎么说,没有将你扫地出门啊!""我知道她是舍不得我,交往七八年了,现在孩子也有了,而且她也丢不下这个面子。"潘辰叹了口气,"这也是我担心的事,她很记仇的,会不停地提。以后我的处境就难说了。""那你怨谁,都说让你注意点了。算了,喝酒喝酒,你以后就认罪态度好一点,兴许嫂子就大人不计小人过了。"张鹏端起酒杯和潘辰碰了一下。

刘璐呢,心里也正如潘辰说的,五味杂陈。对于潘辰,她原本是百分之百信任,现在,她才做了几个月的月子,他就这样了,她不知道接下来的漫长岁月里还会发生什么事。对于潘辰的外遇她更不确定还可以忍受多久。和潘辰在一起,她不时有种鱼刺在喉的感觉。再加上突然多了一个小孩子在身边,到现在她都是晕晕的,不确定自己是不是真的从妻子转到了母亲的角色上。原来刘璐是一个温柔体贴、说话轻声细语的温婉女子,现在呢,她总是会突然大怒大哭,潘辰常常是丈二和尚摸不着头脑,他特地请教了月子专家,将所有的事一一坦白。月子专家称这是"月子综合症",再加上潘辰的外遇刺激,才导致了刘璐的产后忧郁症。潘辰千劝万劝才将老婆带到了专家那里接受了几次治疗,夫妻俩也开诚布公地谈了很多次,刘璐的情绪才渐渐平复,夫妻俩的关系也慢慢有了转机。

潘辰和刘璐是幸福的,毕竟两个人选择了弥补裂痕,还有很多类似的夫妻,最终无奈分道扬镳也是不无可能的。

**点评:**

月子对女人来说很重要,对男人也该如是。作为丈夫,要陪伴妻子度过这段难熬的岁月,帮助妻子向母亲角色顺利过渡,千万不能因为一己私欲无法得到满

足而选择躲避，甚至是出轨来伤害妻子，让本来可以天长地久的婚姻半路夭折，岂不可惜！既然一个女人可以放弃自己的身材来为你生孩子，你放弃一时的享受去陪伴呵护她又何妨！

# 6. "例假期" 多给妻子一点爱

每个月 "好朋友" 如约而至, 女人总是会感到身体不舒服, 心里也不太畅快, 作为丈夫, 应该感同身受, 多方体贴, 陪伴妻子度过这么几天特殊的日子。这样, 你们的婚姻一定会因为你些许的付出而更加美满。

程琳是中国银行的文职人员, 工作做得是有板有眼, 领导和同事无不夸赞。而更让大家艳羡的是她和老公之间的伉俪情深。两个人在一起很少吵架, 甚至连红脸都很少, 听夫妻两个对话, 周围人都不禁莞尔。结婚已经十年了, 夫妻俩的对话还像小孩子过家家一样热热乎乎的, 每句不离 "亲爱的"。对程琳, 丈夫童鹏飞更是竭尽所能, 他经营着一个不小的文化公司, 工作忙碌, 却隔三差五地为程琳买来鲜花、首饰、衣服、香水等各色礼物。每逢节假日, 他必陪程琳到处旅游, 两个人去遍了国内的名山名水, 就连国外也处处留下了两个人相依的身影。相熟之人纷纷向程琳讨教 "驭夫之术", 程琳每次都是笑笑: "哪里是我驾驭他啊, 是他驯服了我。"

程琳当年也是一位十分高傲的公主, 她是所在学校的校花, 名声一下子传到了当时还是不打眼的小萝卜一个的童鹏飞耳朵里。程琳的追随者众多, 童鹏飞是其中最不起眼的一个, 无奈他是程琳母亲眼中女婿的不二人选, 当年程琳嫁给童鹏飞那是带着几许的委屈和不情愿。只是后来一直到现在, 她都很是感激也很是佩服自己的母亲, 为自己挑选了如此如意的郎君。

平时也就不说了, 每次她 "好朋友" 来的那几天, 童鹏飞对她像对一件稀世珍宝一样, 小心翼翼、爱护有加。对程琳的生理期, 童鹏飞记得比她还清楚, 提前好几天, 他就细心地为她准备好足够的她喜欢的那几个牌子的卫生用品。每次 "好朋友" 来, 程琳都会肚子疼, 童鹏飞小心翼翼地为她贴上暖暖贴, 隔一会儿就给她端一杯加红枣的红糖水，像哄孩子一样让她喝。有时候程琳会撒撒娇："很疼，不想活了。"童鹏飞总是软语安慰："老婆，不怕，我给你讲个笑话……"他细心地将她的冰冷的小脚放在自己的肚子上，一个个地讲着搜集来的笑话，小白兔的、小男孩的，等等，每次都把程琳逗得哈哈大笑，肚子的疼痛也就淡忘了。

做饭的时候，程琳还没有走到厨房，就被童鹏飞抢了先："亲爱的，我来吧！你躺床上去，我很快就好了。"程琳每次都会嗔怪他："这样你会把我宠坏的。我闲得发慌，你就让我做饭吧！""不行，坚决不行。"童鹏飞的态度很坚定，连推带哄地把程琳送到沙发上躺着，自己一个人在厨房里忙活得热火朝天。他常说自己的厨艺就是在这些特殊的日子里突飞猛进的，因为这段日子程琳的嘴巴特别刁，而鹏飞总是不厌其烦地换着花样。凉水，童鹏飞更是不会让程琳碰一丁点，就连洗手，也是鹏飞把沾湿的热毛巾送到程琳手里。

有的时候，虽然被照顾得无微不至，程琳的情绪还是会有波动，她会无缘无故地对着丈夫发脾气，而童鹏飞每次听完都是一笑置之，乐呵呵地哄着程琳，从来不会和她辩驳，更不会记仇。程琳时刻都在体会着当"女皇"的感觉。

程琳本来以为童鹏飞只是为了讨好她一时才如此细心照顾，她万万没有想到童鹏飞这一坚持就是十年，她的"好朋友"来，更加贴心的童鹏飞也随之来到，生理期对她来说不再是烦恼期，而是两个人的甜蜜期，为他们俩偶见疲惫的婚姻一次次地增添着光彩。

**点评：**

很多男人很讨厌女人的生理期，觉得那时候的女人易怒、敏感，稍微一招惹就大哭大闹。有些粗心的丈夫总会很较真，和妻子吵个没完。殊不知这个时候的女人说起话来也最无心，最脆弱，也最需要得到丈夫的宠爱。聪明的丈夫总是会好好利用这段日子很好地去疼去宠自己的妻子，为自己平淡的婚姻增加甜蜜素，而不是随意地指责、不体谅妻子的特殊心情。

# 7. "猛"不是硬道理

从古至今,男人都是纯粹的力量崇拜者,尤其是性能力更是让无数男人为之欢喜为之忧。就连陈忠实《白鹿原》中的白嘉轩也不能免俗,他一辈子最引以为豪的不是他的光辉事迹,而是他娶过七个老婆。于是,很多男人误以为在床上的猛最能彰显自己男子气概,也最容易让妻子对自己产生浓厚的依恋之情。殊不知,这样的想法常常剑走偏锋,最终伤了自己的婚姻。

宋江是一位网球教练,从外形来看,他和网球半点也搭不上关系,瘦高个儿,戴着一副金边眼镜,整个人往那里一站,就是一位斯斯文文的读书人。他和妻子戴晨是在朋友家举办的酒会上认识的。那天酒会上人很多,宋江一眼望去,就从中觅得珍宝。热闹的人群中站着一位小巧玲珑的姑娘,她不怎么说话,嘴角却始终含着笑,两只黑葡萄似的大眼睛一眨一眨的,一下子晃花了宋江的眼。那女孩正是戴晨,是一家机关单位的行政人员。宋江还未喝酒,却有种酒不醉人人自醉的感觉。他主动地让朋友介绍,戴晨似乎对他印象还不错,酒会一结束,她就答应了宋江的再次约会。宋江也是情场高手,几个月下来,已经将戴晨哄得心花怒放。终于,两个人在年底的时候,幸福地走到了一起。只是婚后的日子却让宋江尝到了爱情的这杯苦酒。

戴晨一如既往地优雅完美,和婚前相比,几乎没有太大的变化,变的是宋江的感觉。新婚之夜,宋江骄傲地展现出自己的胸肌,戴晨有点害羞,而宋江却不管不顾地扑了过来。戴晨感到害怕了,小声地让戴晨轻点,她怕疼。宋江点了点头,结果还是控制不住自己打网球时候的习惯,一个人挥汗如雨,却没有注意到戴晨微微皱起的眉头。他还得意地叫嚣道:"老婆,见识到老公我的威猛了吧!"戴晨仍是一脸羞涩,偷偷地看着丈夫,宋江一脸高傲,她又不舒服又心生烦恼。

渐渐地，戴晨开始感到恐惧、厌恶，丈夫一求欢，她就会害怕，也越来越觉得两个人的欢爱是件让人难以忍受的事。而宋江呢，仍旧是一味地求猛，只是他也开始焦虑起来。他突然意识到妻子很像个木乃伊，没有情绪、没有回应，他甚至注意到妻子微微蹙起的眉头和略显厌恶的表情。他开始对自己的能力有了怀疑，只是并没有去和妻子交流，夫妻两个同床异梦。

宋江不满意这样的结局，他从网上又学到了一招。周末的晚上，他温柔地准备了一大桌饭菜，戴晨有点窃喜，她以为丈夫意识到问题所在，她也打算和他开诚布公地谈一谈。戴晨万万没有想到，这是另一件让她厌恶的事情的开始。宋江不知道从哪里找来了不少 A 片，竟然逼着她跟着上面的女人学习。宋江一如既往地勇猛，而戴晨突然觉得胃里一阵翻腾，她撑不住就跑到卫生间吐了起来。宋江的脸色一阵白一阵红，他生气地吼道："我就这么让你恶心吗？"戴晨觉得很委屈，就哭了起来。宋江喋喋不休："你说你这女人，这么美的事不知道享受，还拒绝起来。别哭了，搞得我一点心情也没有了。"戴晨许久的委屈也爆发了出来："你想过我的感受没有？你还知道美啊，你那一点美感都没有，简直就是禽兽的行为。"宋江听着话很刺耳，就打了妻子一耳光，戴晨捂着脸伤心地跑了出去。

宋江并不想和戴晨离婚，无奈之下，他将戴晨好说歹说地劝了回来，只是两个人的婚姻完全变了味。他俩开始还能保持面上的和谐夫妻，经过这么一番折腾，就开始不管不顾地争吵起来。彼此身上所有的缺点都被放大到了最大值，相互也越看越不顺眼。宋江一改忠诚好男人的形象，再也不碰戴晨，而开始在外面寻找刺激，辗转流连于各种女人身边。戴晨和他吵了两次，一看无果，干脆就懒得理他，在小天地里过着自己的日子。他们的婚姻只剩下一纸婚书，只有责任，没有温情。

**点评：**

男人追求勇猛本无错，但也要考虑到妻子的感受，一味地挥汗如雨只顾自己悠哉乐哉却丝毫不顾及妻子的感受，这样最能伤害妻子的心。大多妻子更偏爱那些勇猛有度的男人而不是一味向前冲的莽夫。性本来是婚姻最好的调剂品，千万不能让它变成老鼠屎，坏了一大锅美味的婚姻生活汤。

# 8. 陪她慢慢 "热"

很多男人都觉得性应该是一项剧烈运动,那叫干柴烈火、红红火火。殊不知女人天生就是慢热型,更有很多女人是天然的性冷淡者,她们崇尚的是柏拉图式的恋爱。身为丈夫要体谅妻子,为她放慢爱的脚步,让她在你的一步步前奏熏陶下慢慢地和你走到一起,而不能像动物一样自娱自乐,自顾自事儿。

黄国富和冯敏两个人用天壤之别来形容一点也不过。黄国富性子急躁,做什么事都是风风火火,杀伐决断,他的事业也全凭他的一腔热情和拼搏进取的精神闯了出来。而冯敏呢,是中国电信的一名员工,出了名的慢性子,说起话来软声细语,做起事情更是悠着性子,有条不紊。一直到现在,还有人质疑这两个人怎么就好上了。

说起来缘分还真是件奇妙的事儿,黄国富一次偶然的善行,救了被流氓调戏的冯敏。从此美女倾心于英雄,而英雄也在美女面前慢慢放下了架子。只是两个人的婚礼却是在一片质疑声中举行的,冯敏的一家人都不太满意黄国富,他们总觉得黄国富一看就是风风火火的人,和冯敏怎么看都联系不到一块儿去。冯敏的哥哥更是开玩笑地对黄国富说:"你俩,我咋越看越觉得是小姐和铁匠呢!"黄国富当时一笑置之,想着自己早晚有一天会用实际行动来证明自己和冯敏是天生的一对。他万万没有想到这句话背后的含义。

婚后两个人倒也没有多大的磨擦,黄国富对妻子的慢性子也没有觉得讨厌,反而觉得生活中有了女人的身影,一切都那么美好。唯独让他不能忍受的是妻子对性的态度。

新婚之夜,黄国富三下五除二地扒掉自己的衣服,和妻子共赴巫山。事后,他心满意足地躺在床上。冯敏呢,整个过程一声都没吱,最后小声地嘀咕了一句:

121

"这就完事了。"黄国富没有多想，拍了拍妻子的脑袋，倒头就睡着了。

再后来，每次过夫妻生活，冯敏都是一副无精打采的样子，丝毫不配合丈夫的行为。事后，她总是一脸释然。黄国富虽然粗心，也发现妻子的异常。他质问妻子对自己的忽视，言辞严厉。冯敏呢，慢悠悠地回道："怎么了？这不是挺好嘛。"黄国富被她气得想骂人，再一看妻子温吞吞的性子，他火一下子发不出来。憋得久了，他越发感到焦虑，头发也开始大把地往下掉。下属很是善解人意，特地在黄国富面前说起自己和妻子那方面不协调，找到了一位专家，现在过得别提有多好了。

听者有心，黄国富也不愿意自己和妻子大好的婚姻就此冷下去，特地请教了那位性学专家。专家问明情况，直接建议黄国富放慢节奏，增加引导，更要营造氛围，让妻子慢慢融入进来。

黄国富特地将公司的事放下，去情趣商店买了香薰蜡烛和情趣内衣。回到家后，他将卧室的灯光调到很温暖的角度，点上了香薰蜡烛。冯敏下班一回来，黄国富摆出扭扭捏捏的姿态走到妻子身旁："娘子，让官人为你宽衣解带，呼吸下新鲜空气吧！"冯敏觉得有点奇怪，也没多想，随着丈夫走到了卧室。黄国富接着说："你蒙上眼睛，不要管我做什么，千万不能睁开眼睛。"他偷偷地为自己为妻子换上了新买的情趣内衣："好了，可以睁开了。"冯敏睁眼一看，脸都变红了，心里却为丈夫的浪漫感到高兴。只见黄国富一改平时的猴急模样，反而放起了轻音乐，和冯敏慢慢地跳起舞来。冯敏的紧张情绪一下子放松了，她开始适应着去和丈夫保持步伐一致。黄国富轻轻地爱抚着妻子，一点点地引导她回应自己……慢慢地，冯敏开始有了欢乐的感觉，而黄国富也体会到了从未有过的快感。

从那以后，夫妻俩的生活更加融洽。冯敏也克服了原来的慢性子，开始对丈夫热情相向。而黄国富呢，受益更大，他不仅体会到了什么叫水乳交融、春风得意的婚姻生活，性子也在和妻子的磨合中少了几分莽撞，多了几分谨慎，事业更是做得如日中天。冯敏的家人和朋友看到他，也不再是怀疑的眼光，而是佩服和羡慕。

**点评：**

男女关系切忌操之过急，作为丈夫更应该去理解你的妻子，将心比心，用热情一点点感化她。前奏、爱抚都是不可或缺的,将步伐放慢,用言语来刺激和引导你的妻子,你将领略到不一样的风景。千万不要图省事儿,一味求快,忽略了妻子的感受,也败坏了大好的婚姻。

# 9. 事了"情未了"

夫妻间的私密生活是一个环节，除了过程、前奏外，更应该有善后工作。尤其是对女人来说，事情结束后，喜欢回味过程，喜欢分享结束的感受。而男人呢，向来只注重事情本身，一完事就呼呼大睡。这样容易让妻子感觉备受冷落，觉得自己是床伴，呼之即来挥之即去，影响婚姻的健康发展。

尹晓萌人如其名，长着一副古典面孔，学的也是古典山水画，整个人举手投足之间洋溢着淑女气息。无奈美女总是喜欢英雄，她丈夫关嵩典型一东北大汉，高大英俊。当年尹晓萌一看到关嵩就想到了威风凛凛的关羽，一见倾心。而关嵩呢，看到如诗如画的晓萌更是挪不开脚步。两个人爱得难舍难分，晓萌一毕业，他们就高兴地当了"毕婚族"。

婚后，诸事如意。尹晓萌一如既往地体贴、温驯，而关嵩呢，一如既往地给她最好的安全感。小两口生活得有滋有味，尹晓萌更是越来越漂亮，用朋友的话来形容，那叫爱情的滋润。只是最近夫妻俩有了点小摩擦。

尹晓萌是一个知性浪漫的女子，对生活的品质要求很高。丈夫不爱整理房间，不爱打扮自己，她都可以忍受，毕竟这些都是她可以教他做到的。唯独让她深以为憾的就是两个人的夫妻生活。关嵩每次倒也是全心全意，晓萌也能体会到丈夫对她的爱，只是每次一完事，丈夫倒头就睡，第二天就像什么也没发生过一样，很是让浪漫的晓萌难以忍受。她憋了很久，终于克服了新婚的羞涩，含蓄地和丈夫提起这个问题。

她没直说，只是缠着丈夫陪她看《罗拉快跑》，里面有罗拉和丈夫欢爱过后躺在床上聊天的一个很长的镜头，看到那里，晓萌轻轻地说："这是我最喜欢的。"丈夫一副了然加惊讶的表情："不会吧！什么时候你这么直白了？"晓萌一看丈夫的表情就知道他想歪了,捶了他一下:"胡说什么,我是羡慕他们的关系。你看罗拉的丈夫每次都会在床上陪她聊天,这样的交流方式多好啊。"奈何关嵩不解风情:"聊天,我没有和你聊吗?"晓萌看丈夫这么混沌,她一下子不知道该说什么,只是那种"抹布"的感觉越来越强烈,丈夫一完事就把自己丢在了一边,她越想越觉得丈夫不再将自己当成珍宝,她一直在寻找办法改变局面。

关嵩也觉察出妻子的心不在焉,只是他向来大大咧咧也就没有多想。直到有一次,晓萌彻底地激怒了他。那天,关嵩才接了一个很大的单子,心里十分兴奋,一回到家就拉着晓萌求欢。

他忙得热火朝天的时候,突然发现妻子在天人交战,他的热情一下子沉到水底。他拍了拍晓萌的脸:"你怎么能睡着呢!太过分了,丈夫我在疼你呢!"晓萌不情愿地睁开了眼睛,故意地说道:"吵什么啊,你忙什么自己忙呗,管我干吗!"关嵩很受伤:"这是两个人的事,你不配合,有什么意思?""你也知道是两个人的事,那你怎么每次完事倒头就睡,怎么不问问我的感受?"晓萌生气地坐起来。关嵩觉得妻子不可理喻,大吼道:"你受什么刺激了!那怎么一样,我已经好好地疼了你,当然要睡了。你现在倒好,压根不理会我了!"晓萌更是委屈:"你还知道被忽视是什么感觉啊!你每次都是呼呼大睡,我都觉得自己像一次性的饭盒,被你用完就踩扁扔在一边。我哪里像你的妻子,压根就是你的露水情人!"话有点难听,关嵩慢慢变了脸色,他举起手来,再一看妻子哭得梨花带雨,又将手放下了,小声地安慰她:"宝贝,别难过,是我不好。我发誓我改。你说我该怎么做,我全听你的。"晓萌这才破涕为笑,这时关嵩才发现妻子是装的,奈何说出去的话泼出去的水,只能服输了。晓萌小声地在丈夫耳朵旁嘀咕个不停,关嵩不情愿地点了点头。

以后,每次夫妻生活之后,关嵩都耐着性子陪妻子聊一会儿。第二天一醒来,关嵩还要笑容满面地向妻子问好,表扬妻子的"能干"。刚开始他觉得很别扭,总是没话找话说,渐渐地,他觉得那是夫妻俩交流的最佳时刻。那个时候的晓萌很乖巧,而他自己也是心情愉悦的,那个时候的默契几乎是两人能达到的最佳状态。夫妻俩的婚姻生活也因为和谐的夫妻生活而更加美妙。

**点评：**

　　妻子不仅仅是你的床伴，有心的丈夫千万要记得，事后不要倒头就睡，早上也不要拉起裤子就走人，这样不啻于当众给女人一巴掌。你应该真正把她当成你的妻子，陪她聊天，给她一个轻吻，陪她回味两个人曾经的浪漫。这样，你的缱绻依恋更能让你的妻子迷恋着你，而你们的婚姻生活也会更加有滋有味。

# 10.SM 要注意尺度

现代社会,许多人都感觉压力山大,渴望着找个出口发泄出来,他们总是喜欢寻求刺激,尤其是年轻的夫妻俩,更是喜欢大玩性虐游戏。殊不知这是剑走偏锋,过度的 SM 不但有损身心,更是会给婚姻带来难以弥补的伤害。

程双和陆紫川是典型的 80 后夫妻,和如今众多的 80 后一样,喜欢新鲜的玩意儿,喜欢冒险。夫妻俩是同一个大学毕业的,程双学的是生物,陆紫川学的是经济。毕业后,程双进了一家化工厂当了一名实验研究员,而陆紫川在父亲的安排下进了财政局当了一名小职员。两个人工资都不太高,不过有双方父母牢固的后盾,夫妻俩的小日子过得很是红火。

美中不足的是陆紫川看着敦厚老实、话语不多,却十分喜欢刺激的游戏。他喜欢蹦极、攀岩,喜欢那种时刻将自己的生命放在边缘的感觉。渐渐地,他开始将探寻的目光转到了妻子身上。程双刚开始死活不同意,她受过的传统教育、她的背景都不支持她变成一个"变态"的人。只是她很爱丈夫,耐不过丈夫的死缠烂打,只好同意。

起初,两个人玩的离"虐"还有段距离,只是变变花样,玩一下制服诱惑,陆紫川和程双穿着不同的衣服,有时扮演空姐和乘客,有时是服务员和饭客。两个人玩得乐此不疲。慢慢地,两个人都觉得不够刺激,开始玩起 SM 来。

虐待伊始,程双还是觉得很好玩、很刺激的。两个人模仿了电视电影里的情节和动作,程双开始觉得和丈夫在一起是一件很美很开心的事。两个人的卧室生活再也不是原来那般单调机械,而是充满了动感、画面美。她乐此不疲地陪着丈夫疯,直到有一次,她差点因此而送命,这才渐渐对 SM 失去了兴趣。

那一天,陆紫川一脸疲惫地回来了。程双很体贴地为丈夫拿来拖鞋:"怎么了？你看起来好累。"陆紫川很是沮丧："别提了，今天我被领导好一顿批。又不是我的错，明明是他那个亲戚工作没有做好，全怪在我身上。"程双拍了拍丈夫的胸脯："别生气了，为了那种人和自己身体过不去，多不值得！"陆紫川摇了摇头："你哪里知道？老板今天是在全办公室人面前批我的。那群人乐得看笑话，哪里是劝，明明是火上浇油。老板训了我足足一个小时，也不嫌口渴。"程双同情地看着丈夫，想了想，说道："别气了，我有好玩的给你看。"

陆紫川随着程双走到了卧室。只见程双拿出几条黑色的皮带和两件暴露的睡衣来。陆紫川眼睛一亮，不快情绪一扫而光。像往常一样，陆紫川将妻子的四肢都用皮带绑起来，就扑了上去。两个人玩得正兴高采烈，陆紫川突然想起网上说过用手掐着脖子会更刺激。他就要去掐妻子的脖子，程双觉得有点恐惧，不同意，一看丈夫一脸期待，只好点了点头。陆紫川刚开始掐程双脖子的时候还是控制着力度，渐渐地，他越来越兴奋。妻子无声地挣扎着，陆紫川眼前突然出现单位领导的面孔，红色的嘴巴一张一合，他很生气，就想捂住他的嘴。程双已经喘不过气来，无奈陆紫川压根忘了自己在哪里。渐渐地，程双停止了挣扎，陆紫川如梦方醒。看着妻子一动不动地躺在那里，他感到很恐惧，用手试探了妻子，竟然发现程双没有了呼吸。他跌坐在地上，连滚带爬地挪到电话机旁，按下了"120"。

救护车呼啸而来，带走了已经毫无意识的程双。手术室外，衣衫不整的陆紫川走来走去，闻讯而来的岳母冲上来就给了陆紫川一巴掌。他一句话也没有说，只是不停地祈祷妻子平安。幸好程双命大，经过医生的一番抢救，她终于睁开了眼。

经过这一番闹腾之后，夫妻俩也在家人亲友面前丢尽了脸，两个人每次回家都是偷偷摸摸的。更让陆紫川懊恼的是程双逐渐对欢爱失去了兴趣，再也不愿意尝试新鲜的玩法。夫妻俩相互看着都觉得别扭，婚姻的质量一落千丈。

**点评：**

为平淡的婚姻生活增添刺激、寻找新鲜本身没有错，错只错在将刺激增大到危险的程度。玩SM一定要慎重，稍有不慎，就将极大地伤害到对方的身体和心灵，也会让婚姻处于尴尬的境地。为了你们的婚姻更美更健康更牢固，请小心翼翼地对待你的伴侣，她不应该成为你的泄欲工具。

# 11. 两情绵绵无绝期

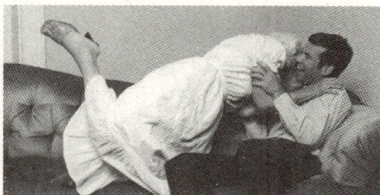

男人，尤其是中年男人，都是比较辛苦的。不但要上养老下养小，还要时时哄好老婆，有时难免会产生敷衍心理。尤其是婚后多年的男人，更是时常都会觉得力不从心，忽略了老婆。而女人都有着敏锐的第六感，你的稍微走神她就会敏锐地察觉到，从而会带来婚姻的不愉快，也会增加男人的压力。

曹沛和钟誉结婚已经七八年了，夫妻俩的感情一向很好。两个人是从小一起长大的邻居，彼此知根知底，十分谈得来。成年后，两个人在双方父母和亲友的撮合下，自然而然地走到了一起。夫妻俩一直都是朋友圈里出了名的模范夫妻，不知道有多少小辈们恳请夫妻俩当红娘，调配大好的姻缘。只是最近，曹沛和钟誉的脸上没有了喜色，夫妻俩见面也不像从前那样旁若无人地大秀恩爱，而是相互都装作没有看到，没有笑容，更没有言语。周围的人都很纳闷，只是不好问什么。他们单位的黄大姐为人十分热忱，又和曹沛关系很好，就兴冲冲地跑去打探虚实。

曹沛看到黄大姐对她笑了一下。黄大姐拉着曹沛："小曹啊，最近你和小钟怎么了？我们看着都觉得急人，都几天了，你俩吵过架了。"曹沛疲惫地点点头。黄大姐很惊奇："这不像你的风格啊，怎么能吵得起来？他外面有人了？""我不知道，但是我觉得他有人了。我问他，他不承认，还说我没事找事。"曹沛低落地说道。

黄大姐摇了摇头："小钟不是这样的人啊。你看到他和别的女人在一起了，还是谁看到了告诉你了？"曹沛摇了摇头。"那你说他有人了？别胡思乱想怀疑小钟了，你们俩相处了这么多年，他的为人你还不知道。"黄大姐笑呵呵地说道。"大姐，你不知道，他……"曹沛欲言又止，"他现在连那个都在敷衍我，每次完了都如释重负。"黄大姐一听，就明白怎么回事了："那你和他谈过没有？他怎么说？"曹沛说："他不承认，还说我喜欢捕风捉影，污蔑他。"黄大姐想了想，说："可能是他太过劳累了吧，你静下心来和他谈一谈。"曹沛点了点头，她不知道丈夫在看医生的时候已经和医生谈过了。

曹沛一回到家，正在打腹稿，想怎么样和丈夫好好谈。钟誉回来了，一进门就说道："老婆，你来，我们谈一谈。"曹沛看丈夫脸色严峻，还以为出了什么大事，小心翼翼地坐了下来。钟誉深吸了一口气："首先，我要为我前几天的行为向你道歉，我不应该对你大吼大叫。"曹沛有点糊涂，她不说话，静静地看着丈夫，心想难道他真的有外遇了。钟誉看出了妻子的疑惑："我保证外面没有别的女人。我只是最近太累了，不是因为讨厌你才说每周和你在一起是'交公粮'。我以为你看不出来我走神……"曹沛有点感动了："老公，其实我也不对。我不该给你压力，更不该怀疑你。""不，是我的错。我不应该带着工作中的心情对待你。"钟誉诚恳地说道。曹沛感动得眼睛有点湿润了，钟誉看到了，笑她是小花猫，她不好意思地扑到了钟誉的怀里。

从那以后，夫妻俩的关系更进了一步，两个人再也不会因为琐事而争吵动气。曹沛不再逼迫丈夫用有规律的欢爱来证明他的爱意，而钟誉呢，也不再将欢爱当成是例行公事、不情不愿、心不在焉地，而是全身全心地去配合妻子。周围的人越发羡慕起夫妻俩，不停地夸赞两个人越活越年轻、越来越恩爱。

**点评：**

男欢女爱不是例行公事，也不仅仅是出于责任或为了生育后代，而应该作为增进感情的一种有效手段。妻子总是很敏感的，丈夫"交公粮"式的爱爱很容易为她们察觉，也是她们最为反感的事。她们很可能会顺理成章地联想到丈夫外面有人，从而激发夫妻间的矛盾，也不利于婚姻关系的健康和谐发展。聪明的男人，爱她就要全身心地去投入，相信她一定能从你的认真中体会到你浓浓的爱意。

婚姻保鲜红绿灯（丈夫篇）

# 四、家庭建设

"多下厨房"又何妨

你们的婚姻不是小家关起门过二人世界的小日子,而是大家伙在同一屋檐下的和平共处。你的婚姻需要经营,你的大家庭需要你的建设。

　　这个时候的你要是最好脾气的建筑师,在四面八方的变故、指责面前,站在她的面前,淡定从容地应对四面,呵护她的情绪。

　　你要是意志坚定的建筑师,就算有再多的艰难险阻摆在面前,你都能坚持自己一直的选择,永不言弃,呵护她的安全感。

　　你更要是技术高超的建筑师,协调好各方面的力量,用最小的成本、最少的材料,给她一个最美满牢固的婚姻大殿,呵护她的幸福感。

# 1. 不可财权独揽

很多男人都会觉得自己的妻子数学不好,又爱乱花钱,又没经济头脑,总是将财权牢牢地抓在手中,管着妻子的花钱,管着投资理财的所有权。而妻子呢,只能听从他的指导,这样做百害而无一利,不但伤了妻子的心,也会伤了彼此的婚姻。

易美和张宁在同一所城市不同的大学上学,易美在一所文科院校读日语,张宁读的是土木工程,是一所理工科院校。两个人既非同乡,也非同学,更神奇的是易美上大一的时候,张宁已经上研二了,两个人之间相差六岁。尽管如此,缘分还是将两个人的命运紧紧地拉到了一起。他们在一场舞会上相遇,一见如故,很快就打得火热。张宁研究生一毕业就去了南京一个设计院工作,等了易美两年。易美大学一毕业,两个人就幸福地步入了结婚的殿堂。其时,张宁在南京买了一套房子,首付已经付了,余额分期付款。

婚后第二天,易美还沉浸在新婚的愉悦中,张宁就拿着纸笔,趴在床上写写画画:"老婆,你看我的工资够付每期的房贷,结余部分就存做装修的钱。你呢,就把工资拿出来,我来管,负责咱们的日常开销,还要攒一些出来好应急。"易美一下子晕了,这人怎么在床上就开始谈钱的事儿呢,她脸色一变:"我自己管我的工资不就行了,我负责咱们俩的生活费。"张宁笑呵呵地说:"别生气啊,丫头。你看你才毕业,我呢,比你经验丰富。放心,我们一渡过困难期,我就把大权交给你。"易美不情愿地答应了。

从此,易美开始体会到"房奴"的生活,她的工资很高,日子过得却比上学时还要艰苦。她都不记得自己多久没有去吃大餐、买新衣服、打车了,她更是神经大条地难以理解日常生活开销怎么如此之大。朋友看到她都打趣她怎么还穿着当年的衣服,她更是减少了和朋友见面的次数。有时候她也会和丈夫理论,每次张宁都用美好的未来来安慰她："快了，快了，以后你想要什么都可以有了。"她也懒得和丈夫理论，想着丈夫总是有道理的。

终于，艰苦的日子熬到了头，房款交讫，装修款也筹备齐了。易美开心地摇着丈夫的胳膊："亲爱的，工资卡给我吧，我自己管钱。"张宁还是不肯："你不知道怎么管钱，还是我来吧，我们做一点投资。"易美有点生气了："我忍你很久了。每次都是我小，我不懂，我怎么不懂理财了，我怎么乱花钱了。这是我的工资卡，大不了我们 AA 嘛！你还乱花钱呢！别以为我不知道，我们最艰苦的时候你还一天就花了一千元去招待你哥们，我昨天和你哥们聊天才知道的。你真是过分，你看我的内衣都多久没有换新的了。""那是应酬，我那哥们曾经给我很大的帮助。你的衣服又没破怎么就不能穿了。"张宁轻描淡写地说着。易美很伤心，哭喊着："我舅舅当年还全力负担了我大学的生活费呢，上次他儿子结婚，我怎么就不能给一千的礼金啦。你倒好，给了两百，到现在我都不敢去见老舅的面。把工资卡给我！"张宁还是不愿意给，易美气冲冲地出去了，张宁没有追，他很了解妻子的秉性。

过了两天，易美还是回来了，因为每次吵架都是她让步，她比他小，她更在乎他。张宁兴冲冲地抱着老婆，满心得意。不久，周围人流行炒黄金，张宁也是全神贯注。开始时候也是小心翼翼，每次涨到一定程度就抛。渐渐地，黄金上涨的势头越来越迅猛，张宁将全部家当，还借了一大笔钱，全都放到黄金投资上。易美心里有点不踏实，就专门咨询了一下自己做理财的朋友，朋友劝说黄金投资还是不易太过冒险。她担心丈夫会赔，就小心地说着："老公，我问了那个很懂投资的同学，他要我们见好就收。"张宁说："他那都是理论，哪有我实践的厉害啊。你啊头发长见识短，什么都不知道就不要乱掺和了！"易美很生气，也懒得和丈夫吵，就收拾了包裹，回娘家住了。张宁全身心集中在黄金上，也没有理会妻子。

果真被言中，金价一天天地落下去，丝毫没有起色，张宁赔得血本全无。他想起妻子的话，有点后悔。再去找妻子，发现妻子自从上次走后就没有回来过，他一下子急了。正在这时，法院送来了一张离婚起诉书，张宁一下子傻眼了。原来易美看丈夫这么久都没有理会她，平时又攥紧她花钱的手，越想越伤心，就听从了母亲的建议，打算离婚。张宁心中一片懊悔。

**点评:**

钱不仅是国计民生的大事,也是关系夫妻婚姻关系的大事。一个男人如果真爱他的妻子,就不要独自控制家庭的财政命脉,让妻子也参与到投资理财的环节中来。这样,财权既会给妻子地位,也会给她想要的安全感,你们的婚姻关系也必将和谐永恒。所以,懂爱的丈夫们,爱她就给她财权吧!

# 2. 志趣跟着老婆走

　　毫不相识的陌生人可能因为志趣相投而成为至交好友，夫妻同样如此，有着共同志趣的支撑，他们更容易相伴着走过平淡无味的后婚姻时代。随着两个人的日渐熟悉，热恋的激情和新鲜感都随着柴米油盐、斗转星移而日趋消褪，夫妻再也不会谈风月，也不可能热切地憧憬共同美好的未来，如果再没有共同的志趣来维系，婚姻也就只能剩下一纸婚书来维系彼此的责任，这样的婚姻又怎么能让追求品质和感觉的夫妻满意呢？

　　韦敏是业内首屈一指的香水调配师，她对香水的迷恋是无法用言语来形容的，可以说香水就是她的第二生命。能够调配出美妙的香水是她毕生引以为豪的事，而更让她开心幸福的是丈夫宋桥一直陪伴在她身边，和她一起在香水的道路上共同进退。她一直以为丈夫和自己一样，天生就对香水有着超出常人的喜好，直到最近，她才发现了一个惊天大秘密。

　　那是两个人结婚 25 周年的纪念日。一大早，韦敏就开始布置起房间来，她特意为丈夫选择了他喜欢的"松竹"系列的香水。她正忙得兴高采烈的时候，刺耳的电话铃声响了起来。韦敏拿起来一听，脸色都变了。原来是医院打来的，说宋桥出了点小意外,让韦敏送病历本过去。

韦敏手忙脚乱地翻找着丈夫的病历本,可是怎么也找不到,病历本向来是老公宝贝之物,他从来都不让韦敏看。韦敏突然想起丈夫视为珍宝的小黑匣子,她费力地打开,果然病历本在里面,韦敏翻看了一下,眼泪全涌了出来。

她急匆匆地赶到了医院,看到丈夫笑眯眯地坐在病床上,她哭着奔了过去,紧紧地搂着丈夫。宋桥感到莫名其妙,用手试探了下妻子的额头:"没发烧啊!敏敏怎么了?我只是有点小伤,没什么问题,拿到片子,我们就可以走了。我都告诉医生不要叫你过来了,他们真是的,让你担心。"韦敏抬起了眼泪汪汪的大眼睛:"你为什么骗我,还一骗就是二十几年!""说什么呢,敏敏,我没有骗过你什么啊?"宋桥手忙脚乱地为妻子拭去眼角的泪水。韦敏将手里紧握的病历本放到了宋桥面前。宋桥慌了神:"你别生气,是我不对。我不应该瞒着你,我嗅觉在我认识你之前两个月就丧失了。"虽然早已知道真相,现在从丈夫口中听到,韦敏还是觉得很难过,她不停地说着:"对不起,我不知道自己折磨了你那么多年。"宋桥不停地软语安慰着妻子。

韦敏突然想起来两个人热恋的时候,喜欢恶作剧的她将从榴莲中提取出来的味道让宋桥闻,他竟然笑嘻嘻地说:"太好闻了!你这么能干,从什么中提炼出来的?"当时韦敏以为是宋桥特意为了逗她才如此幽默,现在回想起来,她很是为自己当初的粗心而懊悔,她更后悔的是接下来的岁月里她还不停地用香水来刺激丈夫。

要知道一个丧失嗅觉的人还要每天面对着闻不到的味道,然后用心去分析、去给予评价,这将是多么折磨人的一件事。而宋桥呢,偏偏就这么坚持了下来,而且一做就是二十几年,韦敏真是恨不得去捶自己的脑袋。

宋桥轻轻地抚摸着情绪激动的韦敏:"敏敏,没关系,你没有对不起我。我也很喜欢香水,虽然闻不到,但是看着你如此用心调配,我用心也感觉到芳香了。"韦敏仍旧低头懊恼着。"真的,我不骗你的,我更感激你,你给了我第二个嗅觉。通过你,我闻到了草莓加玫瑰加樱桃的'热恋风情',也闻到了松柏加四叶草的'优雅风姿',这些都是我从未有过的体验,是你给我的灵感,不然上回我的画'无味之香'怎么能获奖呢?"韦敏更是感激丈夫的体贴和细心,她知道他只是不想

让她自责。

揭开了丈夫的缺陷,两个人的爱非但没有生出嫌隙,反而变得更加浓郁,如一瓶飘香千年的香水那样纯净而悠长。韦敏的香水越做越好,而宋桥也慢慢成了香水界的传奇,他的画也是越画越好。直到现在,他都庆幸自己和妻子保持了相同的志趣,如果没有香水,那他的童话婚姻、他的完美事业都无从实现。

**点评:**

相同的志趣不仅有助于你了解自己的妻子,也会更好地维系你们的常新的婚姻。就算你说自己没有唱歌的天分、跳舞的天分、写诗的天分等等,那就学会欣赏她吧!欣赏也是保持同一志趣的有效手段,也会让你的妻子更加感激你的理解和欣赏,而你们的婚姻也会因为彼此更多的共同点而越发美丽动人。

# 3. 当好 "留守丈夫"

　　女人总是有着很强烈的忧患意识,她们总是担心丈夫一出门就会被小红帽给勾了魂,再也不会回到她们的身旁,而丈夫呢每次都会嘲笑妻子杞人忧天。夫妻双方很容易因此而起争执,不利于婚姻的维系。做丈夫的应该在留守的日子,看好自己的门户,给妻子想要的安全感。

　　申迎春和赵博是朋友圈里的模范夫妻。两个人结婚已经八年了,却从未吵过架。尤其是申迎春对丈夫更是体贴得没话说,家务活她一个人包揽着,而且还很会赚钱,是一家银行的高级主管,年薪不可小觑,夫妻俩的日子过得是富足安乐。赵博呢,完全没有了后顾之忧,不用像同事那样为了生计做不情愿的事,也不会因为家庭的琐事分了神,他安心地做着自己的研究,业务做得也是首屈一指得好。赵博以为自己一辈子就会如此安乐地生活,他万万没有想到这样的日子还没持续十年就终结了,而且是被他一手破坏的。

　　去年,申迎春所在的银行打算派出一批人员去英国考察学习,历时三个月。申迎春因为业务出众,也在其中。她本来不想去,无奈丈夫赵博拍着胸脯保证:"不用担心我了,没关系,我可以照顾好自己的。这是一个很好的升职机会,你要好好把握。"申迎春恋恋不舍地离开了丈夫,踏上了飞往英国的班机。

　　妻子刚走的那一段日子,赵博觉得很不习惯,房间里空落落的,没有了饭菜香,也没有了妻子身上熟悉好闻的味道。而他呢,拿起了多年未曾碰过的柴米油盐、锅碗瓢盆,开始了"单身汉"的生活。吃着自己做的"有色有味"的糊了的饭菜,每天都是疲倦地在家与单位间穿梭,赵博无比怀念起妻子的好来,他几乎每天都要打越洋电话给妻子,诉说着想念之情。申迎春每次都说快了,就三个月嘛,一眨眼就到了。赵博总觉得时间在拉长,他真正体会到了度日如年的滋味。

就在他寂寞难耐的时候，一个女孩子的倩影出现在他的生活里。女孩叫欧阳梅，是研究所新进来的实习生，年轻美丽懂事。她看出来赵博的孤独和狼狈，总是主动提出去赵博家帮他料理家务。刚开始，赵博想着妻子，坚决不同意，小梅总是三言两语地就说服了他。赵博想着自己身正不怕影子斜，就随了小梅。

有了小梅，家里干净整洁多了，赵博也可以每天都穿着干净服帖的衣服，吃着香喷喷的饭菜，舒心地做研究。只是他没有想到小梅有了别的想法。在两个人相处了两个星期后，小梅以每天坐车赶来很麻烦，会耽误休息为由，就拿到了赵博家的备用钥匙，两个人开始朝夕相对的生活。赵博觉得别扭起来，每天看到一个妙龄少女穿着睡衣在自己眼前晃来晃去总是件不太好的事。他严厉地批评了小梅。而小梅总是乖巧地说道："我把你当叔叔来看，你是长辈嘛，需要小辈的照顾。"看着小梅天真无邪的大眼睛，赵博也没有多想什么。直到有一天，他在小梅的床上醒来。

那天，妻子告诉他学习很快就结束了，最多两天就可以回去了。赵博很是开心，乐呵呵地告诉小梅这个好消息，还让她多准备两个菜，他要喝一口。小梅显得很开心，两个人坐在一起高兴地喝着红酒。喝着喝着，他就什么都不知道了，还在纳闷自己是不是因为太高兴，酒量也变小了。想到这里，他懊恼地捶着自己的脑袋。小梅一脸惊恐样："赵老师，我不知道怎么回事。你一直在叫申师母的名字，我，我……"赵博不知道说什么好，就挥了挥手："算了，也不怨你。我的积蓄也不多，就二十几万，你拿着，不够我再想想办法。你知道我和迎春的感情，我不会离开她的。"小梅有点激动："我只是喜欢你，不要你的钱。你这样是看错我了，我会当成什么事情都没有发生过。"赵博心里一松，硬是将卡塞到了小梅手里。

申迎春回来了，看到家里打理得井井有条，很是高兴，"看来你日子过得不错嘛！有进步。"赵博有点心虚，不敢看妻子的眼睛。申迎春没有多想，动手就开始整理屋子。赵博申请换到了城市另一端的研究所，他以为这件事从此就会过去，小梅也不会再来纠缠自己。一周后，他正和妻子逛街，妻子接到了一个电话，脸色变得很难看，赵博有点紧张。申迎春给了他一个耳光，将手机塞到了他的手中，转身就走。赵博一看，是他和小梅在一起的照片。他慌了神，追上了妻子，拼命地解释自己的无辜。

妻子压根就不听他的解释，她一直都是一个骄傲的女子，不愿意忍受丁点的背叛。她明知道丈夫的无辜，还是不愿意原谅他的错误。无奈之下，赵博放开了手。

他并不喜欢小梅，开始了真正的单身汉的生活，衣服懒得换，饭也懒得吃，连喜欢的工作都拉到了脑后，朋友家人更是一个个远离了他，他开始觉得生活没有了意义。

**点评：**

妻子不在家的时候，男人一定要扮演好留守丈夫的角色，不做对不起妻子的事，让她对你放心，这也正是维系婚姻最重要的东西——信任。千万不要因为一时的糊涂做了让自己一辈子后悔的事，婚姻一旦破裂，追悔莫及。

# 4. 不可"权色交易"

能够抵挡住送上门的诱惑的男人，才是真正为女人所欣赏、所爱慕的男人。世界上总是充满着各种各样挡也挡不住的诱惑，关键要看你的定力，更要看你是如何选择。经得起高温必然会成长为真金白银，也更容易赢得妻子的爱，收获鲜活的婚姻。

方天天是从福建乡下走出来的，大专毕业后和当时还是自己同学的妻子苏红合伙创办了一家生物科技公司。创业伊始，万事艰难，全靠着两人的相互扶持、共同打拼才卓有成效。因为同样的事业，两个人的心也在慢慢靠拢，终于在公司成立三周年的日子，幸福地走到了一起。

婚后，两个人变成了家庭最佳拍档，而事业也在爱情的滋润下越做越大。如今，两个人结婚五年了，他们开的生物科技公司在无锡排名已达到了前三位，而且两个人还专门成立了一家名为"红天"的美食城来纪念两个人的爱情。方天天深以这辈子有这样的妻子和事业而自豪。这时，一个不速之客闯入了夫妻俩的生活。

黄莺，一个20岁出头的美丽女孩子进了公司。招她进来的时候，方天天看中的是这个女孩子很上进、也很细心，他就直接提拔她当了自己的助理。黄莺果真没有让他失望，不仅将办公室的杂事打理得井井有条，而且还是方天天做研究的最佳拍档，她心思细腻、动作迅捷，和方天天配合起来像是多年拍档那样默契。方天天更是得意，每次都在妻子面前说自己的眼光多么好，捡到了这么大一个宝贝。

只是渐渐地，黄莺看方天天的眼神有点不太对劲，一向迟钝的方天天也发现了她的异样，他发觉这位姑娘对自己似乎很有好感。刚开始他是得意的，想着自己魅力不减当年，慢慢地他觉得这不是件正常的事情，毕竟他不允许自己和妻子间有嫌隙，有意无意地，方天天开始疏远了黄莺的靠近，他还特地调来了另外一个员工也做自己的助理。敏感的黄莺发现了老板的刻意,一开始的私下喜欢变成了赤裸裸的表白,几乎办公室的所有人都看出她对老板的想法。当然,消息很快也传到了苏红的耳朵里,她却很平静,因为她相信丈夫。

方天天找黄莺谈了几次都毫无效果,情窦初开的黄莺似乎对这个老板是欲罢不能。方天天感到有点头疼,直接将她辞了吧,好像也对不起这个姑娘;留着她,难保有一天不出什么大事。无奈之下,他找妻子坦白了,讲到了自己的犹豫。苏红很开心,因为老公是如此的忠诚,为了确定老公的心意,她还是问道:"你对她就没有别的想法了吗? 她这么听话能干,而且年轻漂亮,最重要的是对你一往情深……"苏红话还没说完,就被方天天打断了:"你把我想成什么人了,我又不是毛小伙子。她应该看重的是我的地位,毕竟我是她上级,我怎么会这么没有先见之明呢。如果我只是路上一个路人,估计再帅她也不会看在眼里。我眼中只有你一个人,只有你在我最卑微的时候还不离不弃。"苏红有点感动,她依偎在丈夫的怀里:"我来和黄莺谈谈,你就别烦心了。我相信你。"

苏红打扮得漂漂亮亮的就和黄莺见面了。她和黄莺讲到了自己和丈夫的故事,从穷苦到如今的富足,也讲到了丈夫的种种喜好。她一句话都没有指责黄莺的不道德,反而说这是情有可原。黄莺一听,面上没什么变化,心里已经是翻江倒海,她突然意识到自己想要成为一向最不齿的第三者,而且要介入的是那么天造地设的一对夫妻中。她有点惭愧,苏红接下来的话更是让她无地自容,苏红说:"我和天天商量好了,觉得你资质不错,我们愿意负担起你去日本留学的所有费用。这是天天的建议,我觉得还不错,就看你愿不愿意去? 如果不愿意,也没关系。要不你进咱们的实验室,成为一名正式的研究员?"黄莺感动得泪都流了出来,她不知道老板是怎么知道自己想要留学的念头的,她惭愧地说:"对不起,苏姐,我让你们为难了。我打算辞职了。"苏红拍了拍她的肩膀:"傻丫头,说什么对不起。这是多正常的一件事啊。听我的,你就去日本留学,见见世面,也是对咱们公司好啊! 说不定还可以带给我们另一员猛将呢!"黄莺不好意思地点点头,同意了苏红的建议。

苏红和方天天经过这一波折,感情更加好了,苏红对丈夫的信任也日渐增多,她觉得丈夫既然能将送上门的诱惑都拒之门外,那别的变故还有什么立足之地呢!

**点评:**

男人在工作中经常会遇到下属的主动示好,身为丈夫,一定要守好自己的底线,不要因为一时的利欲熏心而迈出出轨的脚步,让妻子伤心,也会引来一大堆理不清的麻烦,大大影响了婚姻的质量。

# 5. 朋友相约，老婆做伴

　　有过追女朋友经验的男人都知道，要想得到美女心，首先要打入美女的朋友和家人圈中，从后院攻破美女的防卫阵营。其实这句话用在婚姻生活中的女人身上也是很有道理的。妻子总是希望自己在丈夫朋友圈里的地位得到认可，这样她才有安全感，作为丈夫要尊重妻子的这点想法，时时满足她的要求。

　　罗志远和妻子沈眉在朋友的婚礼上相遇，彼此很谈得来，相处了大半年后，就步入了婚姻的殿堂。婚后，小两口的日子还算过得舒坦，罗志远对自己挑中的妻子十分满意，又漂亮，又知道体贴人。他想前人所说的结婚对男人来说百利无一害果真是有道理的，他什么心也不用操，食物、衣服，乃至水费电费全都由妻子一个人包揽，他每天就是吃饭长肉，工作赚钱，日子过得别提有多舒心了。

　　好景不长，最近的罗志远总是灰头土脸的。朋友们聚会，他也一改往日高谈阔论、神采飞扬的状态，不怎么愿意和人交流，一个人窝在角落里喝闷酒。王明生走过来，递给他一支烟："我说你最近怎么了，咱们聚会多高兴的事儿，你整个就像欠了谁一屁股债。难不成后院起火了？"罗志远抬起了无神的眼睛："我正烦着呢，别挤兑我了。我正想着回去如何应对沈眉的炮轰呢！""你做了对不起嫂子的事儿了，快告诉我，是哪一位？"王明生唯恐天下不乱。罗志远捶了他一拳："要不要我把你的事情告诉你老婆去。"王明生急了："别介，火别引到我身上来嘛！说说看，你和沈眉到底怎么了，我最近看到她也状态不佳，我和她打招呼她都心不在焉的。"禁不起王明生的一番软磨硬缠，罗志远将事情讲了出来。

他和朋友聚会向来不喜欢带沈眉，他觉得带了老婆就像多了条尾巴一样，朋友会笑话他的。开始他都是软语和沈眉解释，说别人都不带，自己带了会引来笑话，而且他们也不会干什么见不得人的事，不过就是几个朋友的私下聚会，如果有正式场合让带妻子的话，自己肯定会带她闪亮登场的。可沈眉压根不听他解释，每次都是软硬兼施地要求随他出来应酬。他自然不会同意，两个人就会你一言我一语地吵起来。最后罗志远硬是一个人心情闷闷地出门，回来后还要接着受沈眉的挖苦。这日子怎么能不狼狈呢？

王明生一听，哈哈大笑："你果真是个老实人，就算不想让她跟着也不能直说啊。你看你嫂子现在多放心我一个人在外面啊！""难道你还有什么高招么？说来听听。"罗志远眼前一亮，他也不想和妻子争吵。王明生得意地说："你以后主动带她出来进你的朋友圈。我保证，要不了几次，她就会很开心，也不会整天缠着你要来参加聚会了。"罗志远感到不可思议："给你说真的呢，这不明摆着带了一个跟屁虫在身边嘛！净出馊主意。""你别不信，你回头试试再说。"罗志远半信半疑。

后来，朋友有约，他都会主动询问沈眉要不要一起去。沈眉很开心，化了精致的妆容，随他去见朋友。罗志远开始觉得有点别扭，毕竟带家眷的人比较少，后来却渐渐得意起来。妻子的打扮、谈吐无不让他的朋友赞叹，他更是频频被朋友称"有眼光"，他很自豪，更让他开心的是妻子不再像防贼一样怕他出去应酬，而是很信任他，渐渐地减少了缠着他出门的次数。他反而有点不适应起来。

有时，他也会问沈眉："原来我不让你跟着，你每次都要死要活的，现在怎么又不跟了呢？"沈眉总是笑着说："讨厌，你以前老不让我跟着，我还以为你在外面见小姑娘呢，当然不高兴了。现在我已经放心了，当然不需要每次都跟着。而且你那群朋友都知道我的存在，估计也不会出什么馊主意让你去风花雪月了。""原来如此，幸好我听了王明生的话，不然还不真被她逼得去出轨。"罗志远心里想着没说出来,开心地搂着沈眉,越看妻子越觉得喜欢。

**点评:**

妻子最开心的事莫过于丈夫将她放在和挚友一样重要的位置上,你的聚会她要参与,你的欢乐她要分享,而丈夫呢,常常是独立惯了,不愿意带妻子,这样会伤害妻子的自尊心,她难免会想你嫌弃她,或者你要做坏事,所以才不愿意带她出门,如此会引发无谓的争吵,日子久了,当然有损夫妻感情。聪明的丈夫,尽量带你的妻子见见你的朋友吧! 你的婚姻也会因为彼此更加的协调而愈发美好。

# 6. 老婆不是"门外客"

有些丈夫,在夫妻争吵时经常会用"我家、我爸妈、你家"等字眼,这种看似粗心的语言对妻子是很有杀伤力的,妻子往往会因此而没有归属感,从而也将自己放在"外人"的位置上,减少了对丈夫对公公婆婆的爱,给婚姻吹来了阵阵寒风。

今年春节是林青第一次和丈夫刘威去公婆家过年,很早夫妻俩就准备了大包小包的礼物,打算过了正月十五再回来。这本来是件开心的事儿,没想到她只在公婆家待到初三就毅然决然地回到了娘家,而且一脸怨气。好友约她喝茶,她一股脑儿将自己所有的怨言都抖了出来。

回公婆家前,林青想这是第一次回去过年,就到租赁公司租了一辆"凯越"。也巧,大姑姐一家人从深圳来了,要借道回娘家。大姑姐一看林青租了"凯越",催着刘威一道儿走,可是,刘威和林青还差两天放假,这让刘威他们很为难。大姑姐带着一脸怨气独自回了娘家。

两天后,当林青跟丈夫风尘仆仆地回到了老家,迎接她的却是公婆的冷脸。公婆眼中仿佛没有了林青这个人,搂着自己的女儿和外孙女开心地笑个不停,就是不理林青这个茬。到了中午,婆婆知道林青不会做饭,却逼着她下了厨房。乡下没有暖气,热水也不多,林青看着自己弹钢琴的手变成了胡萝卜,欲哭无泪。吃饭的时候,大姑姐只讲了一句菜不咸不辣,公婆马上吩咐林青去拿各种调料来。林青瞪了丈夫一眼,刘威躲开了视线。饭后,这一大家人酒足饭饱地开了几桌麻将,留下林青一个人收拾残局。林青想着自己是第一次来公婆家,还是要留下一个好印象,也就忍了。那么大一堆的盘子碟子,林青整整洗了一个小时。她本想休息一会儿,就没有和家人打招呼去了卧室。睡意正酣的时候,一双冰冷的手放在了自己脸上,她尖叫着坐了起来。婆婆抱着外孙女站在床前:"叫啥呢!小童醒了,我们都很忙,你就赔她玩一下吧!"林青强做笑脸,抱起了小童。才过了没多久,林青突然觉得腿上一热,她想惨了,马上抱着小童去了客厅的麻将席,叫大姑姐给孩子换衣服。大姑姐本来可以和的,被林青这么一打扰被截和了,没好气地叫道:"都多大个人了,连孩子都不会带。你不会不让她尿到衣服上啊!"林青变了脸色,她也不过二十出头,又没有生育过怎么会带,她将小童放到大姑姐的腿上,转身就走。七大姑八大姨的亲戚开始叫嚷起来:"这哪里有儿媳妇的样子啊!"云云,林青捂住了耳朵,更难听的话纷至沓来。丈夫随着林青回到卧室,细语安慰妻子,林青看上刘威也是因为他的孝顺,她也不想让丈夫为难,就忍了下去。

第二天一大早,林青打起精神去厨房帮忙。婆婆笑道:"这么容易就生气了,还让刘威去哄啊。"林青忍了忍,没吱声。一天里,无论家里人怎么打趣林青,林青都沉默以对,不笑不怒,家务照常干。晚上她又是很晚才回到卧室,想着可以睡个好觉了。丈夫刘威进来了,生气地说道:"你怎么一直对我家里人冷冰冰的啊,他们怎么得罪你了?"林青忍了许久的委屈终于爆发出来:"是啊,是你们家人,不是我家人,他们是我的谁啊,你又是我的谁啊!"刘威没想到妻子反应这么大:"你怎么了?受什么刺激了。我爸妈他们不是对你挺好的嘛,你前几天不是很高兴的嘛。就是让你照看下大姐家的孩子,意见怎么这么大!简直不可理喻。"林青委屈地看着丈夫,她怎么也想不到自己千挑万选的丈夫怎么会这个样子,那是他家里人,她有什么义务去管!夫妻俩各怀心事,闷头就睡。

这样的冷战持续了两三天,林青实在受不了这样的气氛了,就随便找了个理由回了娘家。新婚夫妻俩第一次的回家旅行的气氛就这样被破坏了,而粗心的刘威却不知道自己的无心之语竟然伤透了妻子的心。

**点评:**

妻子穷其一生想要追求的也就是丈夫和丈夫家里人的真心接待,只是很多粗心的老公和无心的家人会无意识地将妻子看作是外人,伤到了妻子的心。其实婚后女人很容易将自己定位为婆家的人,只要给她一个机会,她一定会以对待家人的态度对待丈夫一大家子,千万不要堵了这条路,伤了她的心。

# 7. 陪着妻子"竞风流"

男女皆有虚荣之心，男人的虚荣心主要是"炫富炫才干"，而女人则是"炫男人炫幸福"，聪明的丈夫总会满足妻子这点小小的愿望，让妻子在姐妹团在亲人那里面子上得到极大的满足，她也定会很开心很甘心地为丈夫带来更加美好的婚姻生活。千万不要嘲笑这是虚伪、是虚荣，更不要拒绝妻子这点小小的要求。

柳城和张丽个性都很强，两个人却很少红脸。大家很是奇怪柳城怎么有如此能耐，让独立干练的张丽做起他的贤内助来毫无怨言。柳城每次都是笑笑，张丽却知道原因在哪里，她的姐妹、家人也都知道柳城所下的"苦功夫"。

每次和姐妹们聚在一起的时候，张丽一打电话，无论柳城当时有多忙，只要一听出妻子话语里的迫切愿望，都会随叫随到。就是没打电话，柳城也会时不时地装作和这群女人们"不期而遇"。一见面，他就开始细心地对老婆嘘寒问暖，妻子手凉了，马上就会脱下衣服为妻子披上。看到妻子的鞋带散了，也会不顾自己腆着的肚子艰难地蹲下来为妻子系鞋带。他还不遗余力地赞美妻子的新发型新耳环新衣服。妻子一说要请姐妹们吃什么喝什么，柳城就会用心地记下来，屁颠屁颠地跑去买来。妻子对他嗔怪时，他绝不还口也绝不辩驳，呵呵地陪笑着，答应一定改。姐妹们有时候也会奚落他几句，说他对张丽的忽略、大脾气，柳城从不生气，总是开心地说："谢谢各位美女了，你们督促我变成更合格的丈夫。"

每逢张丽回娘家拜访亲戚朋友，柳城总是如影追随，虽然他有时候真的很累很忙，但也会尽量抽出时间、开开心心地陪着老婆"省亲"，还戏称自己是小奴才谨遵皇后之命。到了一个亲戚家，柳城一一摆出精心挑选的各色礼物，笑着说是妻子很想他们，这些礼物都是妻子亲自挑选的。在亲戚面前，柳城更是发挥着自己"妻管严"的绅士风度，妻子说什么都是对的，妻子想要什么也一定会满足。妻子有时候故意无理取闹,他也会陪着她疯。被亲戚家人打趣,柳城也面不改色,不生气,不争辩,安心享受着亲戚挑剔的目光。

于是,张丽的姐妹们、亲戚家人们没有一个不说柳城好的,都说柳城是打着灯笼也难寻的极品好男人,都说张丽是福气之人。张丽嘴上不说什么,心里却是甜滋滋的,她更确定丈夫是将自己真正地放在了心上,她时刻都体会到当"公主"的骄傲和幸福。以己度人,张丽对丈夫也是百看不厌,丈夫的喜好需要她也时刻记在心头,尽力满足。在丈夫的亲戚朋友面前,她更是时刻扮演着"贤内助"的角色,让丈夫的面子也得到了极大的满足。

两个人结婚都已经十年了,夫妻俩的婚姻仍旧如蜂巢一样,就算有狂风和烈日来袭,依旧坚固如斯。

**点评:**

让妻子满意就是要满足她的虚荣心,让她的地位在亲戚朋友面前得到认可,如此,妻子必会以同样的珍重之心对待自己的丈夫,从而也让彼此的婚姻清新如初,牢固如初。如若不然,女人很容易被周围人的判断所左右,必然会给婚姻生活带来嫌隙。所以,聪明的丈夫们,多向妻子献献"殷勤"吧,相信会给你带来不一样的收获。

# 8. 敬老不可"热一头"

　　田鹏和妻子金玮是高中同学，两个人在一起很多年后，才走进了婚姻的殿堂。田鹏的母亲身体不好，常年卧床不起，家里只有父亲一人养家，他们把全部希望都寄托在了田鹏身上，全力以赴地供他读书。后来，田鹏考上了师范大学，毕业后在一所中学任教。金玮出身在一个知识分子家庭，从小家庭条件优越，与田鹏相恋的时候，她就偷偷地"支援"他，结了婚后，她更是以婆家为重，逢年过节，她经常忙碌着婆家的事儿，深得婆婆喜爱。

　　有金玮持家，田鹏就当上了"甩手掌柜"。结婚第一年的春节，田鹏跟金玮提出，父母家里没有集体供暖，两个老人年纪大了，能不能给他们装台空调。金玮一合算，一台空调三千多，贵是贵了点，不过想想老人家冬季里容易冻得感冒，她也就咬了咬牙同意了。给婆家装上了空调，老公心里美滋滋的，金玮又跟老公商量，过年了，怎么也得给我娘家买点礼物啊，我看就买个按摩洗脚盆吧，也不贵，才三百多。田鹏一听，脸却拉了下来，他不快地说："买完空调，咱手头也没多少钱了，按摩盆就先放放吧，我们学校过年分了些大米，给你家送去还不行吗？"金玮虽然不情愿，但算算账，确实手头很紧，也就极不情愿地说："这次，就先委屈着我爸妈吧，等咱有钱了，一定要补回来。"

　　没过多久，田鹏的父亲要过生日，他跟妻子商量，父母亲这一辈子不容易，咱把他们看了十多年的老电视换成液晶的吧，老俩口退休了，就指望看看电视图个消遣。金玮一听，丈夫又要大手头地援助家里，虽然心里不快，但也掩饰住不满，耐心地跟老公说："咱刚刚给他们买了空调，这次又要换电视，手头上确实紧张啊！"田鹏却安抚妻子说："钱的事好办，我去跟学校先借点公款，等发工资时再还上。"金玮不太满意他这样做，对他说："我以为你有什么高招呢，发了工资还款，咱还有钱吃饭吗？你看，咱能不能等一等，等手头攒足了钱，再给老人家换电视也不迟啊！"田鹏一听就急了，把嗓门提高了几个声调："不行，我家里困难，父母供我上大学吃了不少苦头，我得先让他们享上福。"金玮看老公如此倔强，也不愿与他多争辩，就依了老公。

时间久了，金玮发现，老公逢年过节只想着婆家，不是购大件，就是送大礼，几乎不太考虑自己的娘家，看着自己的姐妹，大包小包提着礼物回娘家，而自己却两手空空，金玮心里有说不出的滋味，她不止一次跟老公抱怨道："你爹娘不容易，我们该孝敬，我娘家父母也不容易啊！照这样下去，让我怎么有脸回娘家啊！"而田鹏却说："你父母都是大学教授，老两口收入高，根本不需要咱们贴补。我爸妈呢？都是工人，退休工资低，咱们孝敬一下也是天经地义的。"金玮一听，更不服气了，就与老公争辩："你这是什么逻辑，你爹娘是爹娘，我爸妈就不是爸妈了，老人工资高是他们的，咱们做子女的，要尽孝敬父母的义务，你这个做女婿的要'一碗水'端平啊。"

田鹏一听更急了："我是儿子，古话说，养儿防老，我有义务和责任多孝敬我爸妈，你是嫁出的女儿，泼出去的水，性质当然不一样了。"

后来，田鹏的父亲患了结肠癌，宽容的金玮也就没再跟老公去争执"一碗水"端平的问题，一心一意地给公公投钱治病。

两年后，田鹏的父亲去世，金玮的娘家人按照传统礼节，凑了份子，送到了田家，表示问候。但是，妻子及其一家的表现，并没有感化田鹏，老丈人七十大寿的时候，金玮早早回娘家下厨去了，等着田鹏出现时，他却依然两手空空，这次，妻子的心彻底凉透了……

**点评：**

还说什么呢？这个田鹏不但思想太守旧，表现得也太傻。如此坚守孝敬观，不但与时代格格不入，与人情背道而驰，还等于在摧残得来不易的爱情，葬送自己的婚姻。这种人不乏先例，不值得评述！

# 9. "多下厨房"又何妨

一提起做家务，很多丈夫都会皱起眉头，疑惑地说："做家务？这应该是老婆应该干的事情吧！"孰不知现代女性已对男人的收入不太介意，而更倾向于找一个关心她、爱她、体贴她的男人，于是会做家务的男人更多地吸引到了优秀女性的眼球，也为她们的婚姻生活带来了甜蜜素。

曹成是一家小公司的技术工，大专学历，收入也就是中等水平。而他老婆刘琦却是大学毕业，在一家大型企业做会计，长得美丽动人，更重要的是贤良淑德、对做家务毫无怨言。夫妻两个结婚都已经将近十年，三年之痛、七年之痒都没有给他们的生活带来什么大的影响，他们的婚姻如清泉流动，没有大起大落的波澜，却有如诗如画的风景，羡煞旁人。尤其是曹成的哥们对木讷的曹成娶了如此一位如花似玉又温柔体贴的媳妇深为困惑，因为刘琦从来不像管家婆一样过多追问丈夫的行踪，也不会大吼大叫地督促丈夫去买菜做饭接孩子，在老公的同事朋友面前从来都是顺从着他、亦步亦趋。而曹成怎么看也都是一个普通的人，不帅没钱，也不会甜言蜜语。哥们每次问起缘由，曹成总是一副神神秘秘的样子，欲言又止。

有一次，几个哥们相约去曹成家玩，说是要尝尝嫂子的手艺，实际上是想观察一下曹成到底有什么能耐可以"摆平"老婆。哥们落座后，曹成稍微地招待了些烟酒茶水，就起身说："哥几个先坐一下，我去打打下手。"哥们面面相觑："不是吧，你一个大老爷们钻到厨房去干什么呢？让嫂子忙吧！"曹成说："这就说见外的话了吧，我当然要帮你嫂子了，不然她一个人怎么忙得过来呢！我的厨艺可不是吹的，当年全靠它才抱得美人归。"哥几个摇了摇头又若有所悟地点点头："原来这是你们婚姻保鲜秘籍啊，难怪每次问都不说呢！"曹成嘿嘿一笑。

曹成钻进厨房，系上围裙，很有大厨的风范，说是他打下手，实际上却是刘琦在打下手。刘琦洗菜、切菜、配菜,而曹成成了掌舵的,一手挥舞着锅铲,一手不停地往里面加入各种作料。刘琦还时不时地对着丈夫甜甜一笑,帮忙擦掉他额头上的汗水,时不时还偷偷地凑到曹成的身后抱着他,"你太有魅力了,太棒了!"曹成总是会回妻子一个甜甜的笑脸。

当然,曹成会的不仅是做菜,他还会缝补衣服、整理房间。虽然妻子从来不让他去做这些事情,他却乐此不疲,他常用《亮剑》中赵政委的扮演者何政军来激励自己,人家可是缝缝补补、洗洗涮涮各项家务都会做,而且最重要的是他和老婆可是演艺圈的模范夫妻。会做家务不但没有减损他的男儿气概,反而为他增添了不少的魅力。

曹成也始终坚信会做家务的男人最会体贴老婆,最有责任心和爱心。而老婆刘琦当然是死心塌地地跟着老公,从来没有嫌弃过老公的工资,也没有嫌弃过老公无能。夫妻两个人争着分担家务,互相体贴着对方,总是不忍心让对方过多劳累,小日子过得每天都如蜜月,曹成常戏称自己每天都像做新郎一样开心。

**点评:**

丈夫们要转变自己的看法,不要将做家务当成窝囊无能的代名词,会做家务必然会给你的婚姻生活增添色彩,可以让婚姻新鲜如初、甜蜜如一。丈夫做家务的举动,往往会让妻子觉得对方关心她的一切,是真的在乎她,没把她当成佣人,而把她当成平等的家人,妻子的心情好就会对丈夫更热爱。反之,那些在妻子做家务时翘着二郎腿、"事不关己高高挂起"的丈夫常会给妻子带来负面情绪,不利于婚姻的维持和保鲜。

# 10. 丈母娘也是娘

顾枫和孙蒙结婚有了孩子后，丈母娘为了帮他们带孩子，就与小两口住在了一起。

俗话说，一个女婿半个儿。丈母娘疼女婿是真疼，女婿能当好这个儿也并不容易。

丈母娘来自农村，在饮食上不太讲究。尤其在带孩子上，老人家习惯把饭嚼了喂孩子，非常不卫生。妻子孙蒙虽然是母亲的亲生女儿，却一直跟着姨妈在城里长大，对母亲的做派看不大惯，就经常说道母亲，可老人家已经养成了习惯，任凭女儿怎么给脸色，旧习迟迟不改。一次，母亲又一次在饭桌上给外孙嚼饭，女儿孙蒙的火爆脾气顶上了脑门，她把筷子往桌上一扔，对自己的母亲吆喝道："妈，说过你多少次了，你就是不听，这样嘴对嘴地喂孩子，不卫生不说，还容易传染疾病，得了病怎么办啊！"母亲听了，略带委屈地说："你跟你姐从小都是我这样带大的，不都是健健康康的吗？再说，我身体这么棒，哪有什么病呀，你这话说得太难听了。"说着，饭没吃完，就回到了自己房间。

顾枫一看丈母娘生气地走了，就故意提高嗓门对妻子说道："孙蒙，你怎么能这样跟妈说话！妈说得对，咱们小时候，不都是这样被喂大的吗？孝顺、孝顺，首先得顺，快，给妈道歉去！"孙蒙不从，丈夫就拉着她往丈母娘房间里走。在丈夫的软缠硬磨之下，妻子也渐渐转变了态度，她想想自己刚才的表现，觉得确实有点儿过，也就低下了头，真诚地向妈道了歉。老人家是个识大体的人，加之女婿的面子，也就接受了女儿的道歉，重新回到了饭桌前。刚才紧张的空气，瞬间"雾开云散"。

时光荏苒，转眼又是一年。在一次例行体验中，顾枫的丈母娘突然被查出恶性肿瘤，需要立即手术。丈母娘是农村的，没有医保，她要跟老家里的几个儿子商量，凑些手术费。顾枫知道了丈母娘的心事后，诚恳地对她说："妈，孙蒙兄妹几个,我们家经济条件算是最好的,况且,你辛辛苦苦给我们带孩子,现在你生病了,我们应该挑起这个大梁,手术费由我们全出,你就放宽心吧!"丈母娘手术的那段日子,他正好有个出国考察的机会,顾枫毫不犹豫地放弃了,他一心守在医院,照顾手术后的丈母娘。妻子孙蒙惋惜地说:"出国考察,这样的机会,别人抢都抢不到,你就这样白白浪费了,将来会后悔的。"顾枫却一脸不在乎地说:"妈做手术,是生命相关的大事,什么东西能比生命更重要啊。"丈母娘手术后,顾枫不但端屎端尿地床前伺候,还学会了按摩为其缓解精神压力,一连半个多月,他没睡过一个囫囵觉。医院的医生和病友都把他误认为是老太太的亲儿子。妻子孙蒙也在一旁故意"吃醋"地说:"你看看,你的风头都盖过我了。"顾枫嘿嘿一笑说:"丈母娘也是娘,大家把我当妈的儿子看,那就对了!"

前不久,顾枫在上班的途中突遭车祸,右腿骨折,卧床不起,他担心自己落下残疾,情绪很低落。妻子一边在床前细心地帮他擦洗照料,一边耐心地帮他做恢复训练。丈母娘更是忙前忙后,尽心竭力,老人家为了女婿的恢复,不是炖鸡就是炖排骨,顿顿做营养餐。看着一家人围着自己团团转,顾枫心里不无感激,他对妻子说:"看着你跟咱妈为我忙来忙去,我这心里真是很难受,都怪我不小心,拖累了大家,让你们跟着受累了。"妻子安慰他说:"过日子哪有顺顺当当的,谁都有个嗑嗑碰碰、病病灾灾的时候,有了困难才能体会到家的温暖,在困难面前才能看到一家人相亲相爱。"顾枫的腿很快得以康复,一家人幸福、快乐的日子又回到从前,但是,风雨中的"一家亲",让他们更懂得了珍惜生活。

**点评:**

女婿跟丈母娘和谐相处的诀窍很简单,那就是把丈母娘也当作自己的亲娘。也只有这样,才能少一份矛盾,多一份真情,减少跟妻子的感情纠葛。生活中不可能不产生矛盾,包括丈母娘跟女婿,关键是有了矛盾,要以亲情为重,摆正位置,避免矛盾激化,逢凶化吉,春风化雨。丈母娘应该算妻子最亲近的人,当丈夫处理好了跟丈母娘的关系,就等于是给自己爱情加码,为自己的幸福加分,因此,应当把丈母娘当亲娘敬着。

# 11. "穷大方"害人不浅

肖璐和石磊的结合，算是赶了当今的时髦 —— 裸婚，而且是"全裸"。他俩是大学同学，毕业后来到青岛闯荡，参加工作没多久，积蓄约等于零，双方家里也没条件让他们"啃老"，两个人就那么租了个一居室，将铺盖卷一合，搭建了自己的"小窝"。

肖璐的闺蜜总是悄悄问她，你嫁给一穷二白的石磊，两个人白手起家这么苦，亏不亏啊？肖璐总是坚定地摇着头说："我一点也不委屈，石磊为人慷慨大方，对朋友哥们讲义气，重感情，对我也肯定掉不了地下。我们现在日子虽然紧一点，但只要我们肯努力，会过上幸福生活的。"

石磊在大学当了四年的班长，特别有人缘。毕业后，经常有天南海北的同学来此小聚。不过话又说回来，这样的小聚一月一次两次也就罢了，小两口咬紧牙关还能招待得起，但到了夏天，同学们都奔着他们所在的这个海滨城市来度假，一波接一波，他们的日子实在是入不敷出。肖璐就试着跟石磊商量，同学奔着咱来了，理应好好接待，但从收入看，这样天天吃饭店，确实也消费不起。这样吧，咱们买些海鲜，在家里动手做，既吃得卫生、实惠，又节约开支。石磊满口答应着，还夸老婆会持家。

一年一度的青岛啤酒节，在全国享有盛名。同学张立带着新交的女友从东北慕名过来喝扎啤。石磊一听老同学到，万分高兴，他给肖璐打电话说："张立带着女友来了，下了班，咱们一起下饭店，给他俩接风去！"肖璐一听，满不高兴地说："咱们不是有约在先吗？同学来了，咱们在家里动手做饭，你答应得好好的，怎么忘了。""老婆大人，你的指示我哪能忘，这张立你也不是不知道，是睡在我上铺的兄弟，我们最要好。这回，人家带着女朋友第一次上门，也不能不给兄弟面子啊！"肖璐想了想，也就勉强答应了。这一顿饭，花去了他俩半个月的生活费，肖璐心痛，却又不便说什么。

没过两天,肖璐又接到了石磊的电话:"老婆,咱们老家的同学刘启明过来出差,你下了班,咱们一起去饭店请他吃个饭吧!"肖璐一听,头就大了,她这次有点不耐烦地说:"什么?又去饭店?这日子还过不过呀!"石磊赶紧解释道:"他不是咱老乡吗,咱不好好招待,他回去跟父老乡亲一说,咱俩还有脸回老家吗?"在石磊的劝说下,肖璐又跟着丈夫一块去了饭店,慷慨地招待了小老乡。这次,他们连现金都付不起了,悄悄刷了信用卡。

后来,肖璐再接到石磊下酒店请客的电话,气就不打一处来,"要去,你自个儿去,我可没钱下馆子",往往没等石磊把话说完,她就挂了电话。

而石磊依然我行我素,为了面子,轰轰烈烈地花钱,真的没钱了,他就透支信用卡,两个人的小日子过得捉襟见肘。

不久,肖璐怀孕了,两个人在高兴之余,又心有不安。肖璐不无担忧地对石磊说:"咱俩的日子过得这么紧巴,有了孩子开销更大,我觉得实在养不起这个孩子,反正咱俩还年轻,这个孩子就不要了吧,等经济条件好了再生。"石磊一听,说什么也不答应,他说:"孩子是上帝给咱们的礼物,咱们要好好珍惜,我的父母都是农民,还养了我们弟兄仨,咱两人都是堂堂的大学生,我就不信还养活不了一个孩子。"肖璐被老公的话感动了,她思考了一晚上,终于同意了丈夫的想法:"好吧,即使勒紧腰带,我也要把孩子生下来!"但是,没过几天,石磊竟变卦了。他对肖璐说:"你还是先把孩子做掉吧,哥哥现在在家里盖房子,要跟我借五万块钱,哥哥当年把上大学的机会让给了我,我现在说什么也得想办法帮帮他,咱们还年轻,孩子还会有的。"石磊没跟肖璐商量,就把家里仅有的 5000 元拿给了哥哥,又到外面借了些外债。

肖璐自己去医院把孩子做掉了,连手术费都是找朋友借的,她静静地躺在空荡荡的家里休养,想想老公为了面子不管不顾的情景,她的心凉透了……

**点评:**

每个男人都渴望被肯定和尊重,现在社会交往中,许多男人爱面子爱虚荣,在朋友面前装阔佬穷大方,打肿了脸充胖子,这种虚荣心促使的"硬撑",往往会给家庭带来经济负担,给夫妻感情带来伤害,因此,劝君不要穷大方。

# 12. 巧做"妻管严"

　　"妻管严"有一个通俗的名字"怕老婆","怕老婆"这个词不知道是谁发明的，这种现象又是谁最先发觉的，据学者们的公认研究，早在两千多年前，古希腊大哲学家苏格拉底就是一位怕老婆的主。社会上曾流传过这样一种说法："上等男人怕老婆，中等男人爱老婆，下等男人打老婆。"这话我们不确定说的对不对，但是巧做"妻管严"却会给你的婚姻生活带来许多的乐趣，不能以"妻管严"为耻，而应该爱老婆就"顺从"她的管教。

　　很多人都认为家有悍妻是一件悲催的事，你想啊，家里始终有一位大人管着你吃什么喝什么，管着你什么时候出门，出门做什么，什么时候回家，管着你交友花钱……老婆一咳嗽，你就要立刻按照老婆的指示去行动，男人的骨气在老婆面前消失殆尽，这将是多么恐怖的一件事。但是成刚却不以为意，而且时不时将老婆挂在嘴上，就算在同事好友面前也戏称老婆为"老婆大人"，对老婆甚是顺从，丝毫不掩饰自己"妻管严"的身份。不过说来奇怪，同事们嘲笑几次后，却羡慕起成刚的幸福小生活，他和老婆配合如此默契，小日子过得是红红火火，两个人甚至很少红脸，更别提大吵大闹、大打出手了。

　　成刚戏称自己是新时代"三从四得"的男性：即太太命令要服从，太太逛街要随从，太太做错要盲从；太太化妆要等得，太太生日要记得，太太花钱要舍得，太太打骂要忍得。并且时不时地教育自己的部下："老婆只要不是过分无理取闹，怕老婆又有什么坏处呢？你看我就是一个极好的例子。"

　　一开始，成刚是真怕老婆。老婆长得是小鸟依人一般，谁知道竟然是"野蛮女友"一般人物。早在谈恋爱的时候就"禁锢"着成刚的许多自由，不允许他随便和别的女孩子讲话，时不时还要翻看下他的手机，发现问题就开始大吵大闹、大吼大叫,甚至会动手在成刚身上看不见的位置留下几许"痕迹",要知道她可是跆拳道黑带一段的水平。当时的成刚对老婆是又怕又爱,结果是爱战胜了怕,再加上他的父母十分看好"准儿媳",于是他就和老婆结婚了。

婚后老婆一如既往地彪悍,成刚想过反对。他开始羡慕起周围男人的自由来,他们想干什么就干什么,也不用向老婆交代。有一次,他在朋友的怂恿下,坚定地"越轨"了,跑到澳门去赌博。那两天的时间是成刚一辈子最为自由,也最为混乱的日子;那一次他丢失的不仅是金钱,更是他引以为豪的面子。

他关掉一切通联工具,带了两个月的工资跑去"豪赌"。开始时候,老虎机特别配合,不停地往外吐着硬币,周围人群则一脸艳羡地看着他,甚至有几个比较胆大的美女直接贴了过来:"帅哥,等下有没有空? 要不要一起喝一杯啊?"成刚的虚荣心得到了最大的满足,他甚至伸手捏了旁边最漂亮的一位美女一把,那一刻他觉得没有老婆管教的日子该是多么好啊! 好景不长,老虎机不再吐钱了,成刚想着,这已经翻了好几番了,那就见好就收吧,他还是记得老婆的叮嘱。谁知道几双虎视眈眈的眼睛已经盯上了他。他还没有走出赌场的门,就被打晕了。

再醒来的时候就看着一群人围着他,一个小喽啰说:"想走啊,先和我们老大玩一局吧! "成刚一看这群人来者不善,肯定不能赌了,说:"要钱是吗? 我全给你们。赌博,你们还是另寻高明吧! "结果可想而知,这群人不但不放他走,还逼着他去"推牌九",毫无疑问,他输了个精光。他最后竟然光着屁股走出了赌场的门,耳边听得的是那一群喽啰和美女的嘲笑声"土包子还来玩潇洒"。原来他随手调戏的那位美女是那伙人中的一员。

回到家后,他想这次必然是暴风雨来袭,谁知道老婆什么也没有说,红着眼睛帮他放了热腾腾的洗澡水。成刚在那一刹那意识到了老婆并非"悍妻"。

自那以后,成刚变成了数一数二的好男人。抽烟酗酒的习惯没有了,玩世不恭的毛病也没有了。而且更让大家艳羡的是,成刚的家庭十分稳定,夫妇俩从来没有被外人看过笑话,而成刚的事业也一日千里。他常说:"没有老婆的打磨,就没有我的今天。"

**点评：**

男人都如一块璞玉，需要不停地打磨才能变成晶莹剔透的美玉。怕老婆没有什么丢人的，因爱而怕，因大度而怕，因怕而对己对人对婚姻好，"怕"字当头又有什么要紧的呢？

婚姻保鲜红绿灯（丈夫篇）

# 五、子女教育及其他

"棍棒施教" 太野蛮

孩子是天使降落在了人间,他联系了你和我,我们的心因他而凝聚在了一起,我们要珍惜这一份惊喜。

　　孩子的心是脆弱的,因我们些许的言语和行为而受伤,也许再也不会回头。母子连心,母女连心,你的粗心伤了妻子的心。

　　孩子也是你留在这个世界最后的也是最好的名片,他传承着你的血脉和精神。为了你的身后仍旧风景宜人,好好地对待你的孩子吧!

　　给他你力及的爱,尊重他的志趣,让他可以如树苗一样,稍加修饰便成长为自己独特的一抹风景。

# 1. 子女姓名叫"商量"

如今，很多小夫妻都是独生子女，他们的小宝宝出生后，随父姓还是随母姓，往往会引发家庭矛盾，这已成为损害夫妻情感的重要因素。

张磊和苏琳都属于 80 后，两个人在大学校园里相识，张磊的老家在安徽农村，而苏琳的父亲是青岛一家公司的董事长，两方家庭的差异，使得张磊心里有些自卑，而苏琳却不以为然。她觉得，张磊是一个宽容、大度的男子汉，心地善良，胸怀宽广，是个可信赖的人。毕业时，苏琳把张磊带到了青岛，未来的岳父一看张磊仪表堂堂、憨态可掬，又对女儿情深意切、体贴入微，也就顺水推舟，认可了这门亲事。结婚前，苏琳的爸爸向张磊提出了一条要求："我们只有苏琳这一个独生女儿，将来你们有了孩子，是不是跟着我们姓啊？这样，也好作为苏氏集团的接班人。"张磊连想都没想，痛快地答应了老丈人："孩子姓什么，叫什么，也就是一个符号，我无所谓。"

婚后，张磊深得老丈人的赏识，在他有意栽培下，张磊不久就进入了苏氏集团的高层，挑起了公司的大梁。也就在事业上风生水起的时候，妻子苏琳怀孕了，全家人都沉浸在一片幸福之中，苏琳的爸爸早就把孩子的名字给起好了，叫苏承飞，含有传承与腾飞的寓意，不管是男是女都受用。十月怀胎，一朝分娩。苏琳的孩子生下来了，是个儿子，这一消息，给苏琳的爸爸乃至苏氏集团带来了无比的惊喜，孩子的姥爷特意在五星级的香格里拉包了雅间，摆下了满月酒，招来了亲朋好友以示庆贺。喜事也引来了孩子的爷爷和奶奶，他们风尘仆仆，从安徽老家直接赶到了酒店，一瞧孙子，两位远来的长辈，乐得合不拢嘴。可是，在跟亲家的深谈当中，孩子的爷爷奶奶一听孙子不姓张，两位老人的脸一下子拉了下来，他们把张磊拉到一边，悄声说道："你是单传，咱家门上添了孙子，应该姓张啊，改成外姓，这不让咱张家'断了香火'吗？"

回到了住处，父母又给张磊施加压力，张磊左右为难，不知如何处理这事儿。他先试着跟妻子商量，苏琳一听，满脸不快地说："张磊，孩子姓苏，是你当初答应的，你这样摇三摆四的，像个男子汉吗？"

尽管在苏琳那里碰了一鼻子灰，张磊还是硬着头皮找到老丈人。丈人听完张磊的话，沉着脸说："当初你是怎么说的啊？你不是说孩子姓什么叫什么，仅仅是个符号吗？"

张磊为难地说："我是真的无所谓，只是我的父母亲，他们的封建思想太严重了，怕断了我们张家的香火，非要……"

老丈人也体谅他，接过话说："这样吧，亲家的工作，我去做吧！"

苏琳的父母特意把亲家请到了酒店，和颜悦色地和他们商量孙子的姓氏问题，并承诺，遵循过去约定，让孙子成为苏氏集团的唯一继承人，同时，为了弥补张家的缺失，苏家愿意买一栋房子送给亲家，这样，还可以方便他们看孙子。

但张磊的父母不依不挠，甚至把八辈子的祖谱都摆了出来，声称如果孙子不姓张，对不起祖宗。本来想和谈的酒宴不欢而散，一场家庭大战也由此爆发了。

张磊本来还心存有愧，毕竟自己跟老丈人有婚前协议，自己失约在先。但看到自己的父母为此事苦恼，双双病倒，他的态度也就坚决了起来。他曾试着跟妻子商量，改变儿子姓氏，苏琳却总是没等他把话说完就翻脸了。

无奈，张磊的父母返回了安徽老家，带走了一肚子心酸。张磊望着父母悲伤的身影，痛苦之余，也暗暗下定了决心。

张磊偷偷把儿子户口本上的名字改成了"张承飞"。这一举动，如同在苏家引爆了"炸弹"，老丈人收回了张磊在苏氏集团的权力，随即，苏琳争取到了儿子的抚养权，向张磊提出了离婚……

**点评：**

80后夫妻，由于多是独生子女，他们的宝宝的姓氏问题也就成了关系"家族利益"的一件大事。虽然，中国的传统习惯是子随父姓，但由于没有明确法律规定，孩子的姓氏归属父母何方是相对自由的，因此，做父母的，在确定孩子姓名归属时，都应当高姿态、多商量，为了一个孩子的名字没有必要争来争去的。

# 2. "棍棒施教"太野蛮

胡一南出生在偏远山区,通过不懈努力,终于考取了大学,进了城,结了婚,安了家。由于自身品尝了奋斗的甘味,在有了儿子之后,他发誓要让儿子出人头地,并坚信"棍棒之下出孝子,不打不成材"。那么,歪理之说,究竟又给他带来了什么呢?

儿子胡飞飞,今年9岁,上小学三年级,学习成绩原本优秀,还是班里的中队长,可胡一南对儿子依然不满,发誓要把儿子培养成"神童"。一次,飞飞期末考试没有发挥好,成绩跌至班里的第十名。胡一南一看儿子的成绩单,立马火冒三丈,他让儿子跪在地上,抄起棍子就要往儿子身上抡。他老婆吓得一边掩护儿子,一边替孩子求情:"你就消消气吧!依我看啊,儿子比你有出息多了,你看看你,这些年了,还是个办事员,你自己不进步,凭什么要求儿子这么高?你变态啊!"面对妻子的责问,胡一南不仅不为心动,反而变本加厉。他愤愤地推了老婆一把,气汹汹地说:"我就是变态!我就是要管教儿子,你怎么着你!孩子上不了

167

清华、北大,我死不瞑目!

胡一南的棍棒,将儿子吓得魂飞胆破,高烧不退,妻子心疼,一边照料孩子,一边默默地流泪,她指责丈夫道:"你这当爹的,怎么这么狠心啊,孩子学习一直很用功,这次偶尔没有考好,你怎么就不能放过他呢? 非把孩子折腾病了,你心里就舒服了吗?"胡一南厉声厉色地说:"我不管,孩子考不好,我就得收拾他。"

父亲的暴戾,让飞飞在家里常常胆战心惊。一次,飞飞不小心打碎了一个碗,他怕惊动了在外屋的父亲,赶紧蹲下来收拾碎片。妈妈怕碎片划破飞飞的手,让他赶紧住手,飞飞不听,头都不敢抬起来,小声地对妈妈说:"千万别让爸爸知道了,我害怕挨打 ……"飞飞的妈妈一下子抱住了儿子,轻轻地说:"有妈妈在,别怕……"

胡一南的棍棒教育,无形中增添了孩子的压力,儿子因为求胜心切,心理不稳定,在后来的大考中屡屡发挥失常。一次,学校里选拔优等生参加全市奥数比赛,飞飞在摸底考试中成绩不错,但在全市会考中却没有发挥好,被惨重地淘汰了。面对这样的成绩,飞飞内心很苦闷,他不敢回家告诉爸爸,害怕爸爸的暴打,于是,他就一个人在大街上游荡,到了天黑,他肚子饿了,在身无分文的无奈中,他加入了流浪的丐帮 ……

飞飞失踪后,学校很快就报了案,在民警协助下,飞飞终于被找到了。在见到儿子的刹那间,胡一南一步扑上前去,他想把儿子搂在怀里,想对儿子说声"对不起!"但儿子见了他却吓得直往后退。飞飞拉着妈妈的手说:"妈妈,我不想回家,你们为什么要找我 ……"飞飞的妈妈再也忍不住了,她抱住飞飞泪流满面地说:"别怕,孩子,跟妈妈一起走吧,都怪妈妈没有保护好你,妈妈保证往后再也没有人打你了。"不久,妻子向胡一南提出了离婚。

**点评:**

早就有一个错误的说法,叫做"不打不成材",这种"棍棒施教",已经为现代科学和现代文明所不耻,可为什么还有一些父母乐此不彼呢? 原因很简单,这就是学养的程度和教养的水准使然。大凡坚持强暴教育的父母,非但教育不好孩子,往往适得其反,使得子女离家出走,甚至在逆反心理作用下,走上不良的道路。

# 3. 不可扭曲孩子的志趣

俗话说慈母严父,作为父亲,很容易对孩子管教严格,也更倾向于将自己已实现或未曾实现的梦想强加到孩子身上。而妻子呢,更疼爱孩子一些,很容易与孩子站在统一战线上,共同对抗丈夫的高压管制。如此,夫妻俩会因孩子的问题而影响到婚姻关系的维护。子孙自有子孙福,身为父亲,要更加考虑到孩子的想法,尊重妻子的意见,如此才能让婚姻和家庭都更加美好。

包同是一所高校的生物教师,年纪轻轻就已经评上了副教授。而他的妻子焦阳是经人介绍认识的,原来做的是小学教师。婚后,小两口的日子过得甜甜蜜蜜,儿子包小毛出生以后,焦阳还听从了丈夫的安排,辞去了好好的教师工作,做起了全职的家庭主妇。一开始,焦阳和包同都很满意这样的安排,毕竟焦阳做过教师,由她担负起教养孩子的重任比较合适。只是,在包小毛开始上学的时候,两个人的斗争战线正式拉开。

包同,一个纯粹的理工科出身的男人,内心深处却藏着文艺小青年的范儿。他喜欢小说、散文、诗歌等一切文学形式,崇拜贝多芬、肖邦、莫扎特、李斯特等钢琴家,也欣赏中国古典的山水画、人物画,对八大山人和阎立本很是推崇。只是这一切的梦想都被现实生活击碎了。小的时候家贫,大学为赚钱养家糊口,等到真正有条件了,他却已经到了而立之年,没有了精力和能力。包同对这一切都很懊悔,儿子包小毛的出生让他眼前一亮。

在小毛还是一个四岁的,吐字都不清晰的小孩子的时候,包同就开始为儿子设计出了一套看起来完美无缺的成才路线。钢琴要趁早,小毛五岁就开始被包同指挥着去学钢琴。那个时候钢琴十分昂贵,包同一咬牙,找朋友借了钱买了回来。妻子焦阳很是生气,奈何琴都已经买回来了,也就不和他计较什么了,只是儿子可怜的小模样让她心生怜惜。小毛还没有琴凳高，每次都要靠老师抱上去。练琴是很辛苦的，几岁的孩子很容易心思被别的东西吸引，连老师都劝包同开始的时候要引导孩子。但是包同压根没有听得进去，老师教习的时候，他躲在外面，暗暗记下儿子出错的次数，回头找儿子"计较"；老师走了，他一手拿着小棍，一手逼着儿子练那些出错的地方，几十遍、几百遍地练，儿子稍微一走神，他的教鞭就落了下去，小毛就算哭也还是要弹下去，不然会招来更重的一鞭。

焦阳看到儿子可怜的小手，很是心疼，见一次和包同吵一次。而每次包同都是很有理的样子："你知道什么啊，孩子啊，不逼不成材的。你看那些成了名的钢琴家哪一个不是从小被逼出来的。"焦阳很是生气："可那些都是有天分，也有兴趣的人，小毛对那些都不感兴趣，你干吗去逼他！"包同根本不听妻子的劝，每次都是以冷战收尾。而焦阳呢，每次一看到钢琴都是一脸仇恨的表情，恨不得上去就要劈了它。夫妻俩的婚姻生活除了吵架，再没有别的内容。包同意识到妻子心思的转移，只是为了小毛，他硬没在意，焦阳心里一片凄凉。

慢慢地，小毛学琴也已经五年了，小小的手掌磨出了不少老茧，其中的艰辛焦阳最清楚。而他的琴艺，用老师的话来说，天资如此，不能怨天尤人，包同也就渐渐作罢，原来每天响亮的钢琴声也渐渐地消失了。而包同一看儿子就想到是学国画的年龄了，特意为儿子报了国画班，这一切又是在未和妻子商量、也未问过小毛意见下的决定。妻子焦阳一听很是生气，而九岁的小毛已经有了自主的意识，这一次母子俩联合对抗起父亲的"专制"来，他们一起去了国画班退了学费。

包同知道后大发雷霆："你们两个要造反吗？学国画多好啊，陶冶情操。"焦阳一看丈夫又是那种论调，理都懒得理。小毛年少气盛，大声地说道："我们书上讲了，要尊重孩子的兴趣。我不喜欢画画，那些油墨味我闻着就想吐。而且我在学校已经报了兴趣班了，我喜欢魔术。"包同一听，更是生气："变魔术？那是玩物丧志，变魔术的人哪有什么社会地位啊。听我的，国画会将你塑造成一个有地位的人。"小毛不屑地看了父亲一眼，包同很受刺激，一个巴掌就要拍到儿子身上。焦阳多年的怨气一触即发，她拉住了丈夫的手腕："你还想打人啊，你哪里有父亲的样子了！你怎么对我不管了，你这样对儿子就是不行。你还说儿子会成为钢琴家呢！小毛现在都大了，知道什么是他喜欢的了，你怎么还是一副专制家长的样子！我受够你了。"说完,焦阳就拉着儿子小毛回了娘家。

包同一个人左思右想,也想不明白问题出在哪里。

**点评：**

父亲的拳拳爱子之心没有错,望子成才的愿望更没有错,错的只是他将自己的愿望强加到了孩子身上,影响了父子关系,更影响了本来可以完满落幕的婚姻。

# 4. 爱子如爱己

孩子是父母生活在世上的另一张名片,处理好对孩子的共同的爱的问题可以很好地维护婚姻、修饰婚姻,如果处理不当,则会为自己婚姻增加了最后一根稻草的压力。

白雪怎么看怎么觉得前辈们的话是错的,什么"有了孩子可以更好地拴住一个男人的心",什么"孩子可以让婚姻更加甜蜜,让丈夫更加疼爱你",纯粹是胡扯。她和丈夫钱瑞结婚十年了,孩子毛毛也已经七八岁了,她反而觉得夫妻俩的关系并没有随着孩子而变得多姿多彩,夫妻两个经常因此而冷战。

夫妻两个人工作都很忙,小时候的毛毛一直都是爷爷奶奶带,直到五岁,夫妻俩才将孩子接到身边来。白雪很是头疼丈夫钱瑞和儿子毛毛的关系,她常在怀疑毛毛上辈子是不是钱瑞的对头,这一辈子父子俩都没有好好地说过话,不是争吵,就是冷战,从来没有像别人家父子关系那么融洽过。这种状况随着儿子毛毛一天天的长大而变得更加紧张起来,夫妻俩没少为这个孩子争吵,彼此都身心疲惫。

那一次还是儿童节,白雪张罗着为儿子过一个快快乐乐的节日。白雪一个人在厨房里忙得团团转,殊不知客厅里正上演着一场"抢椅子"的大战。家里有很多椅子,可说来奇怪,毛毛和钱瑞同时看上了同一把。起初钱瑞只是想着逗逗儿子,执意不肯让给他,说:"这一把是我的专用宝座,你去别的房间再搬一把来。"毛毛也不让步:"这一把是我一直坐的,妈妈都同意了的。"一来二去的,钱瑞和毛毛较起真来。等到白雪把菜端上客厅的时候,正看到父子俩面红耳赤地拉着一把椅子。问了下情况,白雪对儿子说:"毛毛乖,去卧室再搬一把来,那一把更漂亮。"毛毛不愿意挪动脚步:"可是,可是我就喜欢这一把。搬过来的还是爸爸坐吧。"钱瑞生气了:"你还是我儿子呢,怎么这么不听我的话啊!"儿子看看白雪,白雪不知道说什么就接着安慰毛毛："你去坐那把新的,让爸爸坐旧的。"儿子竟然委屈地哭着喊了出来："你们都不疼我!小时候没人理,今天过节还不让我坐最喜欢的椅子。"白雪很是无奈,只能让钱瑞自己去搬一把新的椅子来坐。丈夫钱瑞也不干了,他平时就有点生气白雪将全部身心放在儿子身上,对他几乎都不怎么搭理,他直接抢过椅子坐下来,拿起筷子就吃起饭来。儿子毛毛呜呜地哭了起来,拿着书包就说上学校去了,白雪追到门外,也拉他不住,只好作罢。回来就和钱瑞大吵起来。

白雪怒道："你一个当爹的和儿子抢椅子,像什么样子,你都三十几岁了啊!"钱瑞委屈地说："我只是逗他玩,你生气什么!""逗他玩,你都几十几了!孩子那么小都不在身边,现在他好不容易和我们生活在一起了,你怎么都不知道多关心关心他啊!你只关心你自己,都不爱儿子!"白雪气呼呼地坐到椅子上。钱瑞站了起来："又是这个原因!儿子也是我的,我怎么不爱他了!你看你,从开始带孩子,就把所有的心放到了孩子身上,你关心过我吗?我评先进、评职称,哪件你关心过?"白雪吃惊地看着丈夫,她从来没有想过这些问题,可是一想到儿子,她马上说道:"你还吃儿子的醋啊?我怎么不关心你啊,饭是我做的,地是我拖的,衣服也是我洗的。"钱瑞说了一句"不可理喻",甩门就走了,留下白雪一个人对着满桌的佳肴。

这种争吵已经不是第一次,吵到最后,每次的起因和终点都落在了毛毛身上。钱瑞觉得白雪过多去爱儿子而忽视了自己,而白雪则觉得钱瑞太过分,忽略儿子不说,自己关心儿子还被指责。每一次争吵都狠狠地伤了彼此的心,夫妻俩本来感情很好,可是现在却常常无来由地争吵,钱瑞和儿子的关系变得越来越紧张了。

**点评:**

孩子是婚姻关系的润滑剂,也是婚姻关系紧张的导火索,如果处理得不好,势必会影响到婚姻关系的维持。丈夫对孩子的爱不够明显,也往往会和孩子为"抢夺"妻子的爱而争吵,妻子夹在中间,难免会左右为难而倾向于选择责备丈夫,这样,夫妻俩的关系就会变得紧张,不利于婚姻关系的长久发展。

# 5. "酒肉朋友" 不可交

　　张强和于洁是从小一起长大的伙伴，青梅竹马。当年，张强没考上大学，直接就去经了商，几番努力之下，成就了一番事业。而于洁考上了师专，毕业后在一家中学当上了老师。彼此心中的旧情，延续了他们的爱情，两个人在父母的祝福声中走入了婚姻的殿堂。转眼间，两人结婚已经五年，日子过得富足而幸福，还有了一个美丽可爱的女儿。

　　生活照旧发展，原来的乖巧男孩子张强染上了酗酒的恶习，有事没事"喝两口"，更欣赏旧式的哥们义气，常常纠缠着一群三教九流的哥们豪饮。看到老公整天和一帮狐朋狗友厮混，昏昏沉沉，无所事事，喝完酒不是去夜总会唱歌，就是打麻将赌钱，常常夜不归宿，事业渐渐衰落，妻子于洁很是担心。她总是不断地提醒老公："酒肉朋友不可交，浪费时间不说，还会玩物丧志，酒伤身体。"而张强呢，耳边常常有这帮朋友的吹捧奉承，早就唯我独尊，哪里听得进去妻子的话。妻子的唠叨反而让他更是恼火："你们女人家懂什么呀，一个好汉三个帮，没几个酒肉朋友撑脸面，哪能在江湖里混啊！"

　　一天，于洁过生日，他们一家三口来到了饭店庆祝。刚吃了一半，张强的电话响了，又是那帮"好汉"找他去"凑桌"。于洁赶紧给他使了个"眼色"，张强吞吞吐吐地说，今天老婆过生日，就算了吧。可是，电话那端喋喋不休，毫不客气地说："张大老板，兄弟还等着你来找乐子呢，无论如何你也不能抛下弟兄们不管啊。"一向讲义气的张强，被这"激将法"一刺，放下筷子就溜了。妻子望着桌上的一大堆菜，顿时没了心情，她与女儿匆匆吃了两口，就打道回府了。深夜一点多，张强喝得酩酊大醉，踉踉跄跄地回到了家。搁在往常，于洁肯定会给老公倒杯果醋，帮他醒醒酒。而今天，她一想老公为了那群哥们，冷落了自己的生日，她就气不打一处来，将他往沙发上一放，看都没看一眼。

第二天,老公醒来,有点感冒,虚弱地叫于洁帮他拿一杯水。于洁懒得理他,但一看丈夫如此憔悴,也就顺从了,并用手点着丈夫的额头说:"不要再跟那帮朋友瞎混了,你照照镜子,看看自己都变成了什么样子!"张强很是恼火:"姑奶奶,你就让我安静一下吧。我怎么样了,那帮朋友是我哥们!一个好汉三个帮,哪里像你们女人那样,关起门来各过各的日子。"于洁有点伤心:"我也是为你好,我又没有禁止你交朋友,你倒有理了。你没看看你那群朋友都是干什么的,一个个吃喝嫖赌、好吃懒做的。哪点值得你学习了!"张强瞪了妻子一眼,然后蒙头大睡。

哪知从那以后,老公更不着家了,他早上一脸阴沉地走了,三更半夜才醉醺醺地回来,整个人像颓废了一样。为此,于洁没少跟张强吵闹,但张强总是强词夺理,胡搅蛮缠:"姑奶奶,你以为我愿意出去喝,这不是遇上了难处,求朋友帮忙吗?"张强告诉于洁,自己的一笔生意遇到了资金困难,想求几个哥们借点钱,解解自己的燃眉之急。所以,才赶着场子会朋友。又过了几天,张强灰溜溜地回到了家,跟妻子说道,自己在外头借不着钱了,想用家里的房子去银行抵押。于洁一听,忧心忡忡地说:"你那笔生意本来就不靠谱,你把房子抵押了,万一生意出现了闪失,我和女儿将来怎么办?平常你跟一帮狐朋狗友厮混,到了难处,他们都去哪儿了!"于洁的眼泪,阻止了丈夫的盲动。

张强又死皮赖脸地去找那些酒肉朋友,可人家一个个早已躲得远远的了。也就在这时,他的腹部开始了隐隐疼痛,到医院一检查,医生说是因为长期饮酒过度,患上了肝硬化。残酷的现实,深刻地教育了他。在温柔、善良的妻子面前,他第一次流下了悔恨的泪水……

**点评:**

"酒肉朋友"靠不住,这是千年的硬道理!为什么有人还热衷于"酒肉朋友"?原因无外乎两条:没有目标,没有追求,玩物丧志;在家庭中寻找不到温暖,靠酒精来刺激自己。前者,是自己的原因,后者需要夫妻双方共同思考。但无论何种原因,都不可与贪酒狂饮之徒呼朋引伴、胡吹海喝,以打发所谓的"寂寞时光",那样,往往会葬送一个美好的家庭!

# 6. 家中少行"将军令"

老婆不是洋娃娃,也不是无意识的小孩子,她想要得到的是平等地位,而不是永远躲藏在你的身后,跟着你亦步亦趋,随着你的喜好而如机器人一样,改变着自己的"样式",改变着自己的"味道"。正常的婚姻关系应该是平等关系而不是"寄生"关系。应该是你我共同存在、共同前进,而不是一个人拖着一个傀儡行走。

也许很多人都没有意识到,但是实际上我们很多人都有控制欲,不同的只是控制欲有强有弱罢了。我们希望生活在一起的那个人和我们有着同样的喜好、同样的想法,只是我们不会强烈去要求对方改变,而是会让自己迁就对方,尽量适应对方的"异类"行为。只是这样的事情常常是妻子选择做的,而粗心的丈夫总是会忽略忽视妻子的看法,将这一切看成理所当然,甚至还不满足,想要得到更大的融洽,这就是常行"将军令"的人,这些人将自己男人的控制欲发挥到了极点,极大地伤害了自己的妻子,伤害了彼此的婚姻,到头来也会伤害了自己。

杨涛是一个成功的商界人士,自己开办了一家卫浴公司,生意做得如火如荼。他的老婆刘婷是幼儿园老师,长得小鸟依人,这很让他满意。

两个人结婚第二天,杨涛对着新婚妻子说:"今天你就去辞职了吧!一个小孩儿头,也赚不到什么钱,那么辛苦干什么。你就在家待着吧,无聊的话就去逛逛街、做做美容什么的。"大手一甩,就扔给刘婷一张银行卡。刘婷的性格属于很温顺的那一种,从小就听父母的话,再加上杨涛比她大了将近十岁,迟疑了一下就答应了。她以为这是丈夫疼爱自己的表现。

她没有想过这仅仅是一个开头。从那以后,她才真正体会到了"婚姻是坟墓"的真正含义。牙膏她一直都喜欢黑人超炫系列,杨涛却让她用舒克的;沐浴露也换成了她讨厌的牛奶味道；穿衣服也完全都是杨涛喜欢的颜色和样式，虽然衣服穿在她身上显得那么怪异不搭；就连交朋友，也被杨涛限制得死死的，她需要把自己所有朋友的所有情况都一一向杨涛介绍，杨涛帮她从中选择了哪些可以深交、哪些不能理、哪些稍微去搭理，男性朋友则是一概不让她去接触。一开始，刘婷觉得丈夫十分有魅力、有霸气，可以将自己的生活打理得井井有条，为自己阻挡了外界所有的伤害，也为自己提供了十分安适愉悦的生活，她就如一个小孩子生活在父母的羽翼下，不用担心闪电台风酷日，就算只是小小的雨点也不能伤害到她丝毫。

但是，渐渐地，这种关怀变成了她最大的"束缚"，她觉得丈夫的关心就如绳索一样将自己捆绑得结结实实、难以呼吸，而她自己就像笼中的鹦鹉，除了应声，除了讨好外什么都不能做，什么都不会做。日子每天天失去了颜色，她开始反抗，不停地去找杨涛抱怨，讲自己要出去工作，要出去和朋友在一起。杨涛每次只是爱抚，用昂贵的礼物来压刘婷的怒气。这样的日子让双方都很疲惫，两个人从争吵到冷战，彼此都觉得很是委屈，一度走到了婚姻的边缘位置。

杨涛很爱她的妻子，他实在不明白妻子还有什么不满意的，他将最好的物质都给了她，他阻止了所有对妻子的伤害。他还特意去咨询了情感专家。

情感专家经过很长时间的问询，也征询了刘婷的意见，终于发现了问题的症结所在。情感专家严肃地指出杨涛已经走到了困境之中，也把自己的妻子拉到了困境之中。他建议杨涛放开对妻子的束缚，给婚姻带来新鲜的空气。杨涛惊问："束缚？我那是爱。"情感专家用了很多的例子才让杨涛渐渐明白，他那只是以爱的名义来控制妻子，那种爱是自私的，总是要求着对方改变从而适应自己的步伐，这才让他的妻子想要逃离这段婚姻。同时，情感专家还给了他许多建议，让他逐渐改变自己曾经的做法。

杨涛听从了婚姻专家的意见，渐渐地放开了自己对妻子的"管教"，他也会征询妻子的意见，买妻子喜欢吃的东西、喜欢穿的衣服……渐渐地，夫妻俩找回了新婚时候的喜悦，在结婚两年纪念日的时候，杨涛甚至拿出了一纸合同，妻子一看，感动得哭了起来。原来杨涛帮她承包了一家幼儿园，明天她就可以去自己的幼儿园当园长去了。

**点评：**

　　这个故事从开始的趋向悲剧性到后来的皆大欢喜，其实只是一念之差。丈夫的控制欲本来没有什么大的坏处，坏只是坏在过分去加强这种控制欲的作用，从而伤害了妻子，也伤害了彼此的婚姻。为了自己好，给婚姻多一点放松的空气吧！

# 7. "雾里看花" 又何妨

对旅行者来说,最美的风景总是在尚未到达的地方,这句话放在婚姻关系中同样如此,两个毫无距离感的人怎么看怎么觉得厌烦,反而是那些在虚无缥缈间的人或事让人魂牵梦萦,于是很多人打着寻找"新鲜感"的旗子华丽丽地出轨了。实际上我们有更好的办法让婚姻保鲜,那就是距离感。夫和妻就算再爱恋也要分清你我,而不能像泥巴一样融为一体,分不出彼此的颜色。

周明远名字文雅,还是学医的,业务做得很好,性格却是神经大条、大大咧咧的,说起话来更是竹筒倒豆子,噼里啪啦,直来直去。刘晶晶呢,刚好相反,比一般的女孩子更敏感,更注重细节。当初她同意嫁给周明远,只是觉得他这个人职业好,没有那么多的花花肠子,有安全感,就义无反顾地嫁了。别人的婚姻还是三年、七年之痒,她倒好,才一年多一点,她就开始厌烦起来,而周明远神经大条,竟然没有看出来。

婚后才一两个月,刘晶晶就已经摸清了丈夫的底。不是她刻意去问,而是丈夫一点就着,什么都不隐瞒。他将他谈过的几个女朋友,都进展到什么程度了,每个人有什么问题,为什么分手,全都抖落出来。刘晶晶也不生气,她开始还以为丈夫只是想要炫耀罢了,慢慢地她才发现,那果真是有问必答,并没有考虑过说这些话的后果。本来刘晶晶还觉得周明远有些故事,比较神秘,现在一来,她突然觉得丈夫在自己面前就是一个透明人,他的故事、情绪全都表现在她的眼里,每天都是如此,刘晶晶有点倦了。而更让她难以忍受的是丈夫对她的"依恋"。

只要是他的休息日,他总是像影子一样跟在刘晶晶的身后。她做饭,他陪着;她逛街,他竟然也跟随着她逛那么几个小时的女装区;她回娘家,他也提着大包小包地去看丈母娘;她去见闺蜜,不让丈夫跟着,他竟然也是千方百计地出现在闺蜜

们的面前。两个人热恋的时候，刘晶晶觉得这样很好，她在丈夫心目中地位很高很重要，她也乐得身边常常有一个护花使者。可是，她越来越觉得不是滋味，她已经严厉地拒绝丈夫跟随，周明远仍旧会时不时地出现在她面前。刘晶晶觉得丈夫对她的爱不再是暖心的安心的，而是闹心的，有时候她甚至觉得那是丈夫不信任自己，才常常跟随。气急了，刘晶晶也会一反淑女形象，大吼丈夫："说了不让你跟了，还跟着。我都被人家笑死了，我这么大了还能丢嘛！"周明远总是不急不恼地说："知道了。"实际上下次他还是会跟着。最最让刘晶晶难以忍受的是丈夫喜欢把工作上的事情拿到家里来说，这让她大生光火。

一天在单位遇到了一个不可理喻的人，刘晶晶很生气也很疲倦，下班后一个人懒洋洋地躺在沙发上。这时丈夫回来了，刘晶晶抬眼看了他一下："我要休息一下。饭在微波炉里热着，一会儿你自己吃。"周明远看出妻子有点不太高兴，说："怎么了，说说嘛！"刘晶晶摇了摇头："已经过去了，你让我一个人静静吧！我有点累。""哦。我今天也碰到了一个很离谱的病号。缠着我要手机号码，我不给，那女的竟然跑到我们主任那里去投诉我，我好一通解释。幸好主任信任我，不然工资就要被扣了。你说，现在的人咋这样呢？一厢情愿，还非要惹得别人不痛快……"刘晶晶平时听多了丈夫工作上的破事，她很生气，直接打断了周明远的话："够了，你已经说得很多了。你这点还是破事呢，不要老是拿出来说。你让我好好静一会儿吧！"周明远有点吃惊妻子的反应："你怎么了，没有发烧吧？平时你不是这样的啊，我只是随便说说工作的事儿，那是对你的信任啊！"刘晶晶不知道该怎么和丈夫交流了，就苦笑了一下，走进了卧室去躺着。周明远是丈二和尚摸不着头脑，他奇怪地看着妻子，殊不知自己在妻子心目中的地位已经岌岌可危了！

**点评：**

夫妻俩感情再好也不能像连体婴儿一样，更不能像人和镜像一样，如影随形，那样必然会加快婚姻疲惫期的到来。两个人关系再好，也不能变成一个人，而要时刻如雾里看花一样，可望而不可及，更不能居为己有。聪明的丈夫总是会试图制造夫妻俩的距离感，给彼此足够的空间，保持彼此间的神秘感，如此，婚姻才能历经时间的熏染而依旧清新如初。

# 8. 当妻子的"美容师"

很多男人总是无法理解女人追求美的痴狂,他们往往很讨厌自己的妻子不停地在脸上鼓捣个不停,妆化了擦,擦了再化,改来改去,尤其是出去约会的时候,妻子更像个追求完美的设计师,不厌其烦地修改完善。这总会激起男人的嘲讽,而女人也很容易被丈夫的嘲讽所激怒,引发战争。身为丈夫应该理解女人的爱美之心,更应该时刻做好妻子的"美容师",悦妻容,悦妻心。

沈婉茹和丈夫宋超强的婚姻是通过当下比较时髦的"网恋"方式促成的,两个人因为网名相互吸引而走到了一起,经过了三个多月的相处,两个人幸福地组成了小家庭。无论从哪个方面来看,两个人都很般配,女的靓丽,男的潇洒,女的有才,男的多金,女的温柔,男的豪爽,他们的爱情用天注定来形容一点也不过。夫妻两个很少吵架,还常常在众人面前大秀恩爱。只是大家都不了解他俩的过去,他们也曾经针尖对麦芒地吵过架,甚至打过架。

沈婉茹是朋友圈里出了名的大美女,爱美是难免的。她每天花在化妆上的时间超过一个小时。专柜只要有新化妆品上柜,她一定倾囊将其收归自己所有。宋超强呢,和所有新婚丈夫一样,没有耐性,他想破脑袋也想不清楚妻子爱美竟然到了"变态"的地步,有时候她并不需要出门见朋友,但还是会把自己描画得如天仙一样才放手。宋超强开始只是打趣她:"知道你很美了,不用画也把人迷得神魂颠倒了,再画就让人晕了!"可沈婉茹偏偏就没有听出他话语里的讽刺之意,反而变本加厉,得意地说:"那是,我是天生丽质难自弃。快帮我看看这款眼线笔上面写的什么,都是法语,我不认识。"宋超强一笑置之。渐渐地,他开始不高兴了,尤其是银行每个月都寄来的那一大笔信用卡账单更是让他头疼,他开始声色俱厉,大声指责妻子:"又乱花钱了,这都什么东西啊,就一小盒,这么贵,都抵上我一个

月的工资了！""你叫那么大声干吗！你都没有说原来的眼影好看，我当然要换更新款的了。再说了，我花的是我的钱，你的也就花那么一点！你是我丈夫啊，这么小气。"沈婉茹漫不经心地回道，继续对镜画眉。"你就会画！我受够你了。"说着，宋超强将梳妆台上的瓶瓶罐罐都扫了下来。沈婉茹气哭了，大喊大叫地指责丈夫暴躁。听得烦了，宋超强摔门而出。

哥们看他精神不好，询问缘由，宋超强一一告知。哥们一笑："就为这啊！你该感激嫂子啊，她是在乎你才为你化妆的，每天看到美女该多赏心悦目啊。你看我就没福气了。""真的？"宋超强有点惊奇。"当然了，你试着参与到她的化妆中去，常常夸她几句，估计她更爱你。"哥们建议道。

宋超强打算听从朋友建议，当天晚上回去，他就带了妻子最喜欢的 VOV 新款彩妆回去。沈婉茹一看到礼物，眼睛都亮了，早就忘记了两个刚吵过架的事，高兴地扑到了丈夫的怀里。宋超强也很开心，这么快就哄好了妻子真好。从那以后，他开始以一种欣赏的态度看妻子化妆，有时候还给些许的建议。这样一来，他发现妻子的化妆不再枯燥，而是充满美感和新鲜感。他亲眼见识了化妆技术的奇妙，妻子的小脸几经点缀，竟然有了鹅蛋脸的效果。他衷心地夸赞妻子的美，有时候还亲自下手为妻子画眉、梳头。沈婉茹别提有多开心了，她买化妆品也不再像以前那样看到就买，而是听从丈夫的指导，买适合自己的。对丈夫，她更是顺从，了解丈夫想要的，常常为丈夫制造小惊喜，一条领带，一只打火机，每次都让宋超强高兴得合不拢嘴。而他的朋友更是夸他娶了一位"上得了厅堂，下得了厨房"的仙妻。夫妻俩的感情蜜里调油一般，夫唱妇随，羡煞旁人。

**点评：**

"女为悦己者容"，女人化妆实际上更是为了男人。她们想要得到丈夫的欣赏，进而得到丈夫的心。身为丈夫要理解妻子的爱美之心，更要做好妻子的"美容师"，为她打扮，欣赏她的打扮。这样，你既是给了妻子信心，也是显示了自己对妻子的爱恋。而妻子会因为你的这份欣赏而对你更加感激、依恋，你们的婚姻也会因为彼此的欣赏依赖而锦上添花。

# 9. 当好妻子的"小学生"

"好为人师"说的不仅仅是男人,很多女人也很喜欢当当丈夫的老师,希望丈夫可以向自己请教问题。这些都会极大地提升妻子的自我感觉,她会更认为自己对丈夫来说是比较重要的、不能舍弃的部分,从而也会更爱自己的丈夫。

以前,常义经常形容自己和妻子的关系是"大学生和小学生",大家细细琢磨,觉得也对,常义是大学的高数老师,所教的都是已成年的大学生;而妻子呢,是一位小学语文老师,每天都和一群半大的小屁孩打交道。刚结婚那会儿,妻子白秋香并没有十分理解丈夫话里的意思,只是渐渐地她见识了这句话的厉害之处。

常义在家装灯泡,白秋香凑过来,看了一下说道:"是不是买错了,应该是挂口的灯泡吧。"常义总是不耐烦地摆摆手:"我知道了。我是大学生,还用你这个小学生来教啊。"妻子听着这话有点不太对,没多想,走开了。

买了螃蟹回来,因为要第二天才吃,白秋香拿着冰块就要往放螃蟹的盆子里放,常义直接冲过来:"现在天这么冷,螃蟹还用冻吗? 冻死了就难吃了。"说着他直接将自来水倒进了螃蟹的盆子里。白秋香有点微词:"这样螃蟹会死的,明天就不能吃了,多可惜。"常义很是不耐:"你知道什么啊,天天都和小学生打交道,哪里有什么见识。"妻子有点难过,还是不说什么。第二天螃蟹都臭了,白秋香有点心疼,埋怨起丈夫来:"你看,都是你,明明要用冰冻着的嘛。现在都变臭了,怎么吃?"常义竟然还是一副有理的样子,振振有词地说道:"螃蟹说不定买回来就是死的。我只是忽略了,应该放点盐的。我是大学生,按道理,应该给螃蟹提供它一直生活的环境才好。"妻子有点哭笑不得,而话说起来也刺耳了:"我也是大学生。天天都是我是小学生,你怎么这么自大啊。书上写的,书上还写黄金屋了呢,也没有看你挖出怎么大的一个金矿来。你整个就一个书呆子。"常义听着话很不

入耳,就和妻子吵了起来:"我就是比你懂得多了,你怎么着。要不你也去大学教书去,小学生。"白秋香气急了,就给了常义一耳光,气冲冲地回了娘家。

等了好几天,常义都没有等到妻子回来的影子。看着儿子不停地问妈妈哪里去了,无奈之下,常义灰溜溜地去了岳母家,要接妻子回来。他的境遇可想而知,除了岳父,家里所有的人都懒得搭理他。他心想还是岳父最了解自己,就拉着岳父出去喝酒解闷。

常义想着岳母对岳父的顺从,冷不丁地开口问道:"爸,你是不是有什么秘诀啊。我看妈那么顺着你,秋香就不会顺着我。"岳父看常义一脸惊异,抿了一口酒,得意地说道:"那是,我敬她一尺她敬我一丈。你们这些少年夫妻啊,总是不知道这句话的含义。"常义更是茫然:"我每次都让着她啊,吵架也是我先低头,买房买车的大事也都是她拍板的啊。"岳父乐呵呵地笑着:"我可是听说大学生和小学生的故事了,你还在装。"常义有点不好意思:"我,那只是开玩笑嘛。我担心她做不好事情么!""这就对了。你每次都是将秋香当成小学生,还要听你的教导。她怎么会开心,她又不是孩子。你想想,如果秋香也天天像教她学生那样对你,你要怎么想。"岳父语重心长地说道。常义恍然大悟,他开心地为岳父倒上一杯酒。岳父挡住了:"你妈说了,每天喝酒不要超过三杯,多了会伤身的。"常义佩服地朝岳父竖起了大拇指。

常义将一脸不高兴的妻子接回了家。当天晚上,他看书的时候突然喊了妻子一声,说道:"李鸿章是天字第一号的卖国贼啊,做了这么多对不起中国的事。"白秋香本来不想和他说话的,只是受不了自己的偶像李鸿章被如此编排,生气地冲到丈夫身边:"谁说的,胡说八道。他是如此有才华的一个人,他当时所有的举动都是为了中国的利益考虑,……"白秋香看着丈夫没有什么不耐烦的神色,就将自己看过的都讲了出来。听完后,常义恍然大悟,高兴地说道:"老婆你太厉害了。多亏你告诉我这些事,不然我真写出来他是个大卖国贼,肯定要被很多人笑话了。"白秋香嘴上不说什么,心里美滋滋的。

自那以后,常义一改以前不愿意请教妻子的臭毛病,口头禅再也不说了,而是时不时地询问白秋香,夸奖她的博识。夫妻俩再也不像从前那样动辄冷战,白秋香对常义更加顺从,而常义呢,有坚定的家庭后盾做支持,业务做得更好了。

**点评：**

给妻子一个"指导"你的机会，也就是给了她一个信自己、信任你的机会，千万不要将自己看成无师自通的全才，指责妻子的不懂装懂，这样一定会引来妻子的反唇相讥，而你们的婚姻就算不终结，也会始终处于一种不良的状态，不利于双方的身心健康。

# 10."傻气"是一门智慧

聪明的男人固然容易让人侧目而看,吸引女人爱慕的眼光,但是略带傻气的男人却更容易赢得妻子的爱。女人需要寻找的是一个伴侣,而不是一个处处全能全知的"先验者",更不是一个精于算计、不会吃亏的精明人。于是傻呆呆、武功也不高强、家世也不好的郭靖可以赢得大美女黄蓉的青睐,而风流倜傥、武功高强、家世很好的欧阳克是无论如何也吸引不到黄蓉的眼球。当然"傻气"并非愚蠢,而是一种生存的智慧,"难得糊涂"有时候会比甜言蜜语更能打动妻子的心。

耿乐乐是大家公认的美女加才女,年纪轻轻就坐到了一家跨国公司的部门经理的位置,而且为人温柔,大方孝顺。但是她的老公却只是一个普普通通的人。老公辛桐是一家国企的工程师,收入不及乐乐,长相也很普通,可是就是这样一个人让乐乐死心塌地地跟着他,两个人结婚都已经七八年了,孩子也有五岁了,可他俩的关系却仍旧如新婚夫妇一样甜甜蜜蜜、夫唱妻随。周围的人从一开始很不看好这种女强男弱的婚姻,许多人都在观望乐乐什么时候忍受不了丈夫的平凡。殊不知,这一等竟没了尽头,猜忌的目光慢慢地变成了艳羡,大家怎么也想不通,相貌平平、事业平平并无什么过人之处的辛桐到底是哪点吸引了光彩照人的大美女乐乐。

甚至有好事之人跑去问乐乐,乐乐听完大家的疑惑后,只是笑着说了两个字"傻气"。原来老公就是靠这两个字吸引着乐乐,也维持了两人多年的婚姻。辛桐虽然没有宏伟的事业,为人却心地善良单纯,对老婆忠心不二,除了对老婆的柔情有反应外,对别的女人的风情都是绝缘体。他全力支持老婆的事业,对老婆宽容,信任老婆的所有的决定;更难得的是他很爱惜老婆,甚至都不舍得去责怪老婆,这些都是让乐乐很是受用也很是感动的品质,因为辛桐的这些亮点,两个人始终甜蜜如初。

乐乐还告诉了大家这样一件小事。

乐乐曾经因为工作的原因染上了抽烟的习惯,她一直想要戒掉,辛桐也希望她戒掉,这样两个人才可以孕育出一个健康的宝宝。辛桐上网搜了许多戒烟的方法,将它们工工整整地抄写下来、贴在随处看见的位置。有一次,乐乐实在是忍不住了,偷偷地躲在卫生间里抽了一支。

辛桐刚好回来了,乐乐来不及消灭掉证据就走出了卫生间。辛桐看了乐乐面有愧色,什么也没有说,只是去卫生间洗了个澡,然后出来换了衣服,给乐乐讲了一句就出去了。乐乐去卫生间一看,烟头还好好地躺在马桶里,她马上把它冲掉了,想着辛桐是不是生气了,心里酝酿着该如何解释。

辛桐很快就回来了,手里举着一包瓜子:"老婆,我回来了。你表现很不错,你太有魅力了,今天都坚持戒烟第五天了,作为奖励,我买回你最爱吃的恰恰。"乐乐感动地望着老公的笑脸,冲到老公怀里,开心地笑了起来:"可是刚才我没有遵守承诺啊。""没有吗?我不知道啊,你是不是要考察我对你的信任啊!真是傻孩子!"辛桐拍了拍她的肩膀。

乐乐很是感激老公的信任和装傻,而戒烟当然也就这样在老公的督促下坚持了下来。

周围的人听完后不仅赞叹起来:"没想到你老公还有如此的一面,果然难得。"而乐乐则是一脸甜蜜。

**点评:**

与其说女人选丈夫是为了选一张长期饭票,不如说女人更倾向于选一个认可自己、陪伴自己过日子的人。于是略带傻气的人成了很多女人愿意与其共度婚姻的最佳选择。这样的男人真诚不造作,有着平常人应该有的缺点,是真实的,也就是可靠的。所以为了你们的婚姻,男人就暂时放下自己的架子吧,做个有点傻气的聪明人未尝不是最好的选择。

婚姻保鲜红绿灯（丈夫篇）

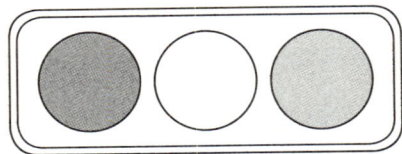

附　录

# 附录 1：

# 明星婚姻保鲜术

明星的婚姻往往比普通人的更难以维持，夫妻双方的相濡以沫、相互坚持更是体现了一种对待婚姻的智慧。我们选择了一部分家庭幸福的男明星的观点作为附录，就是从另外一个角度给普通人更多的启示。

### 郭晓冬

我觉得最重要的是大家要提前做好准备。爱情经过了新鲜期并将迎来平淡，然后转化为亲情，这些都是很正常的。

不过自己还会随时制造一点不一样的东西让对方开心。比如生日的时候突然买束花，结婚纪念日的时候一起吃个饭等等。

### 沙溢

"一切都会听老婆的，钱都上交，如果老婆需要我多照顾家庭，我也会少演戏！"

### 杜汶泽

因为长期在北京工作，聚少离多，两人为了找到相处之道，每天互拍照片相互喊话，汇报行踪，"要让她对我有信心"。

### 甄子丹

"怕老婆会发达。"

"不仅要回家吃饭，而且要按时回家吃饭。如果家人 7 点钟吃饭，你 12 点钟回家就跟没回家一样。"

**刘烨**

"要在一起过一辈子,需要有共同语言、性格合适,然后商量结婚,感情是个让人享受的事情。"

**张嘉译**

自己是个不折不扣的"妻管严"。我的钱全给她了,除了她给我装点零花钱之外。从海燕口袋里把钱挖出来,得看她心情。我是用钱大手大脚惯了的人,交给她能替我管着⋯⋯

**赵宝刚**

做过 6 年"煮夫","那时嫁给我之后只有 11 平米的房子,但满足她的就是每天我变着花样做 4 个菜,保证 4 菜 1 汤,整整 6 年。我太太也是一个公司的总经理,她产业也很大"。

关于如何抵挡娱乐圈诱惑,"不跟小女孩单独吃饭,这几年基本很少跟女孩子单独吃饭,就算是《奋斗》时候,马伊琍说跟我谈工作的事,避免不了就选择人多的餐厅吃。也不会留电话不回短信。我的原则是,困难和坏心情不要告诉妻子,遇到一些人特别是异性,能不让妻子知道就不让妻子知道,哪怕是正常关系,但是到妻子问起的时候一定要实话实说,避免起疑心"。

**黄磊**

自己说的那一句,无论沧海桑田,无论红颜白发,都和她在一起。

"作为一个好丈夫,绝不能把所有精力全用在家里。那些整天泡在家里,计算着鸡毛蒜皮小事的丈夫其实很不称职。因为男人还肩负着社会责任,对事业和家庭都要负责任,如果只把心思集中用在一个方面,那迟早会出事。'家庭煮夫'只是一个暂时的状态,像剧中的许小宁,他把家中的后勤搞得井井有条,日子过得有滋有味,可以让太太安心去打拼事业。另一方面他也没和社会脱节,每天干完了家里的事,还有大量的时间去健身、看书看报、学习各种知识,而这段时间也是男人难得的准备期和充电期,为以后再次走出去储备能量。所以有机会当个'家庭煮夫'应该是件挺值得高兴的事,关键是看用什么心态去对待。"

"我们现在还会过恋爱纪念日,15 年了,也过登记纪念日,因为 3 月 8 日很好记。我们不吵隔夜架,吵了架就做个鬼脸,用手指捅对方一下。相爱时不要想结婚这事,但结婚后不要忘了相爱。"

## 佟大为

男女之间没有纯洁的友谊。你自己想想一个异性有点什么心事老找你聊,你有点心事找她聊,一来二去都成什么了!

订了一些家庭协议,比如出门前亲吻对方、睡觉前互道晚安等。虽然只是形式上一些东西,但它会提醒我们是谁,应该做什么。

男人是讲不过女人的,婚姻当中的事没法客观说谁对谁错,很多争执都是在不该说的时候说了不该说的话。同样的话,心平气和时候说就是对的,但气头时就是错的。

通常投降的都是我,但通常都是我气的她,有时说话不注意,有时挺气人的,我原来是属于那种老呛人的,现在不这样了。

大多数时候,女人发脾气都是假的,只是为了让丈夫关注她,只不过男人有时候很不解风情,假吵架就会变成真吵架了。我个人认为,夫妻间的小摩擦,如同感冒发烧时的'排异'过程,不是什么严重的问题。而出现问题之后,就应该共同寻求解决的方法。我们基本不吵架,有错就要抓紧认。"忍让"是为夫之道,在婚姻中一方的忍让,其实就是给对方下了一个"套",会让对方不忍计较。我家都是关悦管钱管事,那时候装修房子,她挺着大肚子还去买装修材料。我们登记和婚礼的纪念日都会过,今年来了一次烛光晚餐庆祝,要祝福自己的婚姻才能朝着好的方面发展。

所有岳父岳母,婚前一种态度,婚后另一种态度,我现在也在想将来要是做岳父是什么样的心情,肯定所有女儿带回来的人我都不会满意,首先拿他们跟我比,总有不如我的,而且一定是挑自己的长处跟对方的短处比,但婚后一定会很好,因为女儿都已经是你的了。

**陈道明**

好女人可以成为男人的港湾，而不是悬崖……

中国很多婚姻的解体不是因为第三者，而是因为它自身的问题。

和太太杜宪在生活中，太太会谦让我一点，这是早期了，后来我成熟了，就互相谦让。

我们最生气的时候也就是不说话，可能过了一两天，她会主动找我说话，就没事了，我这人好哄。

现在有多少男人是情愿天天待在家里的！这对家人来说就是最大的愉快。我是很稳定的，很享受这样没有欲望的生活，无欲则刚，有些话也敢讲了。调整好的这个心态是一个自我进化的过程。

关于情爱的话题道不明，从有了家庭史就无法谈清。不同年代、不同年龄的人会对婚姻有不同的解释。现代社会恐怕有很多人愿意当第三者，因为他完成了自己的感情历程，不像过去人们觉得婚外情是一种耻辱。就像歌里唱的，"不在乎天长地久，只要曾经拥有"。而有的人就不行，恪守妇道，恪守礼教。所以说中国的婚姻有殖民地的，有半殖民地的，有封建的，有现代的，有资产阶级的，有小资产阶级的……中国的婚姻理念是混杂的。

每个家庭的婚姻体会都不一样，婚姻中讲的大智慧都是虚的。在爱情和婚姻中有时需要模糊，不要总问为什么，怎么回事，到底怎么样了。你会在模糊中看到一种美丽，不是别人的美丽，是你自己的美丽。在婚姻中最好难得糊涂，我并不是中庸，不相信模糊主义者，一定要去清晰化，未必有好的结果。

# 附录 2：

# 名人的 "所谓婚姻"

**英达　梁欢　"所谓婚姻" 总有危机感**

我自己是个不能没有婚姻的人，因为习惯了结婚的状态，再回到单身是很寂寞的。我心里永远有种危机感，我会时刻提醒自己要跟自己的爱人加强交流，一个家庭如果没有交流，那一定没有活力。就我自己而言，不管外面有多累，多忙，我起码保证每天跟老婆吃一顿饭。有时候我晚上不光吃饭，还陪老婆看电影。

**蒋雯丽　顾长卫　"所谓婚姻"" 像手里的沙**

人都有特别低落、不太自信的时候，其实完全没有必要，我很快就明白，婚姻是一种缘分，没有缘分就各奔东西，没有必要这么痛苦。如果对方真的爱上别人，也不失为一件好事。因为人不可能一辈子只爱一个人，如果他有新的爱情，他又愿意把这个爱情付诸实施，没有关系。女人应该是自立的，自我的，你才会看重婚姻本身，看重你跟他在一起快乐的东西，而不是你要附庸于我，我要附庸于你，这反而是相互间的拖累。我觉得更高级的爱是为他好，如果他更幸福，那就让他做自己的去吧。

**余秋雨　马兰　"所谓婚姻" 可长久不变**

无论男女，每个人都在自转，当一个男人最有魅力的一面转向了一位女人，而这女人最美好的一面也正好转向了这个男人，那么爱情就挡也挡不住了。当然，不是每个人都如此幸运，自转的方向和速度，对于那个有可能出现或已经错过的异性，总要有偏差，所以老有人找不到自己的爱情。遗憾的是即使相爱的男女，也并不停止自转，终于有一天，遗憾的那一面会转过来的，看到了对方不好的一面，爱情就有可能不是长久不变了。

### 李亚鹏　王菲　"所谓婚姻"会让人发生变化

我从来不拒绝婚姻。能走到今天的这一步，不是因为我发生了什么改变，而是因为遇到了一个真正合适的人。我很相信注定的姻缘，这个女人你会觉得不对，下一个也觉得不对，可能到了某一个，冥冥之中的感觉告诉你，就是她了。这个世界上总有一个特别适合你的人，有的人能等到，有的人一辈子也等不到。既然我等到了，我就要抓住。我觉得在婚姻面前，变化在先，结婚在后。不是婚姻改变了你，而是因为你改变了，所以有了婚姻。当你对人生、对爱情的看法逐渐走到了某一个程度，才会想到去做结婚这样一个决定。变化是自然而然形成的，有了这种变化你才会慢慢清晰你需要怎么样的一种生活。

### 杨振宁　翁帆　"所谓婚姻"感觉很安全

婚前，朋友看到我的房间只有一人座沙发和一台小电视，总是说"你一定很寂寞"，但如今有了她，一切尽在不言中。很多人想知道的是，年纪大的人和年轻的人结合是不是有代沟，这句话就要看你是什么意思，我想我们没有因为过去的不一样，而发生不一样的看法。这可以说是我们互相带给了对方一些新的经验和看法。翁帆在我人生之中，意义是非常重要而且非常清楚的。对于我来说，一个年纪大的人，我的反应的速度没有年轻人这么快。有时候反应比较慢，这样的情况之下最容易发生的事情就是摔跤，所以现在走在路上，尤其是楼梯上，拉着翁帆，给了我很多的安全感。

### 李咏　哈文　"所谓婚姻"需要售后服务

婚姻需要"售后服务"，婚姻光有爱情是不够的，要靠两个人用心经营。夫妻俩在生活中应该是朋友、哥们儿、亲人，无论有什么为难的事情，只要两个人一起来就准能解决。结了婚就像开公司一样，存在了一个共同的利益，就是家庭，为了共同的这个利益努力就是经营，这样赢了利大家都有好处。经营就是有一套处理问题的方法，比如争吵不要过夜，一定要讲清楚，问题出在哪儿，有什么办法可以解决。

# 附录3：

# 专家婚姻保鲜谈

如何把握婚姻幸福的秘诀？专家教您八大保鲜术。中国著名婚姻家庭问题专家、全国妇联研究所副研究员陈新欣说，婚姻是一个不断呵护、建设、更新的过程，好的婚姻是有一定规则的，如果能够遵守婚姻规则办事，就能够使婚姻保持生机和爱意，如果不能遵守婚姻规则，即使基础再好的婚姻，也有可能被摧毁。

**规则一：**要爱自己和不断完善自己。你自身可爱的地方正是吸引配偶的地方，相信自己的价值，尊重自己的愿望和要求，做一个完整的人，而不是谁的一半。要通过不断完善自己获得外在美和内在美的统一，才能保持恒久的吸引力。

**规则二：**自愿选择伴侣。找到真爱的秘诀取决于自己，是要出于内心的爱的结合，而不是迫于家庭的压力、缓解孤独感、经济生活的需要、社会固有生活方式的从众行为。

**规则三：**缔结婚姻不能一蹴而就，建设婚姻也要持续一生。由爱情到婚姻要经历"触电"、探索、评价、建立亲密关系、相互承诺等阶段，是一个需要付出耐心、资源和技能的过程。

**规则四：**夫妻双方要共同成长。夫妻相互为对方带来新的知识，彼此帮助对方发掘潜力，超越自己，在更成熟的心态下与人相处。夫妻间要有分享、耐心、感激、接纳和原谅意识。

**规则五：**学会沟通和谈判。没有良好的沟通，夫妻关系就像一艘空船载着一段充满困惑、臆测和误解的灰心之旅，没有什么比貌合神离更让人感到疼痛了。沟通使对方了解你有什么需要、愿望、变化和感受，这是夫妻相互保持关系畅通及活跃的重要方式。

**规则六：**当婚姻面临挑战时，共同面对生活。夫妻双方应该是互动、和谐、互

助的。当一个人脆弱的时候，另外一个人应该帮助他坚强起来，渡过难关。要建立一个生活机制，让伴侣共同分享你的成功和苦难。

**规则七**：精心呵护情感才能百年好合。珍惜你所爱的人，珍爱你的枕边人。当发生争吵时，一个主动真诚的道歉，一个虚心的自我批评，一个和好的表示，都可以软化双方气愤的情绪，甚至因为得到沟通，宣泄了负面情绪而加深了彼此的理解和爱情。

**规则八**：不断更新才能天长地久，永远的幸福就是能够保持新鲜活泼的感情关系。要不断更新你的情感关系，保持新鲜和活力，如果有一部分失去了，你要再造它；如果破坏了，你要修复它。必须经常给你的婚姻注入新鲜活力，婚姻才能长盛不衰。

# 附录 4：

# "吵架公约" 与婚姻保鲜

网上盛传了一份"吵架公约"。对当下年轻人的婚姻保鲜，确是崭新的一条出路。首先来看看这份公约到底说了什么——

1. 夫妻吵架不当着父母、亲戚、邻居的面吵，在公共场所给对方面子。（给面子的时候女方可以用手扭男方的手臂，以暗示此时是在给面子。）

2. 不管谁对谁错，只要一吵架，男方必须先轻声轻气哄女方3次，女方才能马上冷静下来，否则女方一看到男方哇啦哇啦，女方也忍不住哇啦哇啦，一旦造成严重后果，全部由男方负责，但如果男方已经哄了女方3次之后，女方还无理取闹的话，男方有权保持沉默直到女方不再发脾气为止。

3. 在家里吵架不准一走了之，实在要走不得走出小区，不许不带手机、关机或不接电话。（任何情况下不许关机，如果男方找到女方后要深情地拥抱，拥抱姿势不得敷衍，要用一个手的手掌把女方的头轻轻按着，不得指责，参照第二条。）

4. 尊敬对方的父母长辈，吵架不开心不能对父母无礼。

5. 有错一方要主动道歉，无错一方在有错方道歉并补偿后要尽快原谅对方。

6. 双方都有错时要互相检讨，认识到错误并道歉后由男方主动提出带女方出去散心。（可以走出小区，或者都市，彻底一点可以走出国门。）

7. 要出气不准砸东西，只能吃东西，实在手痒只能砸枕头。（男方应多吃点东西，以免女方多吃后发胖心情更不好，女方则可以拿着男方的卡多买几件衣服，以安慰受伤的心灵，适当时候可以给男方也买一两双袜子之类。）

8. 吵架尽量不隔夜，晚上困觉觉时男方必须主动抱女方，女方生气百般推辞男方也不能就此放弃，但也不能超过3次，如果超过3次男方可以选择放弃，但第二天起来，双方不得再提此事。（男方不得打呼噜，以免女方美梦被惊醒，从而引

197

发进一步的矛盾，早上醒来时，男方要保证睡姿是正对女方。）

9.每周都要给对方按摩一次，因为大家经常吵架都很辛苦，男方手艺不好的话可以跟盲人师傅学，严禁和发廊女学！（可以一起去 massage 或者女方做 facial，男方等。）

10.吵架时男方不准挂电话，如果挂了要马上打回去，并表示歉意，吵架时女方如果挂了电话，男方必须在 1 分钟内打给女方，电话不通打手机，总之不能气绥，屡挂屡打，但是女方也要给男方面子，每次挂电话次数不多于 3 次，如果超出 3 次一切责任由女方自负。

11.吵架时男女双方不得以离婚、出走、自杀等话题威胁对方。

12.吵架时严禁：骂娘、骂长辈或其他严重性人身攻击。

13.男方必须打不还手，骂不还口，动机也不许有，包括肢体、表情也不许有。（女方不许打脸。）

14.女方若是离家出走，男方必须在第一时间进行挽留，不仅要在人身上进行挽留，还要在话语上给予安抚，如果在第一时间没有挽留，男方负全部责任。

15.吵架时，男方不得用狠话、脏话等挑衅的语言激怒女方，以免引起灾难性后果。

16.男方在吵架时，不可以表现出懦弱的一面，切忌不可让女方看到眼泪等懦弱的表现，也不可以失态，不可咆哮，时刻保持大男人风度。


（公约条款暂时为以上这几条，可由女方无理由无时间限制地更改，男方有权利提出异议，但是异议是否被采纳最终解释权归女方。）


通篇看下来，确确实实是像广大网友，特别是男同胞们认为的那样"重女轻男"。说到它风靡网络的原因，认为有两点：一是因为其文笔幽默有趣，二是因为现在的夫妻，特别是 80 后的小夫妻在婚后确实存在很多问题。但这份可爱幽默的"家庭宪法"，真的能约束婚姻、保证婚姻的幸福吗？

# 后 记

　　一本书就是一项工程，成功了，值得感谢的人很多。

　　首先感谢青岛浮山文学园，是她培育、滋养了我们的文学事业，这一点，创办者隋树远先生功不可没。他是一个读书人，更是一个思想者，对文化事业的热忱令人敬仰。

　　苏建新是青岛浮山文学园请来的指导老师。作为一名经历过南疆战火的资深编辑、实力派作家，从这本书的创意策划、谋篇布局到润色加工，他费尽心思，可圈可点，但书稿付梓之前，他却隐退了，这使我们十分不安。

　　还有，青岛出版社的赵文生编辑，为本书出版花费了大量心血，在此一并感谢。

作　者

2011 年 11 月 7 日